Schluss mit Nägelkauen

Isabella Buschinger M.A.

SCHLUSS MIT NÄGELKAUEN

DEIN WEG ZU GESUNDEN FINGERNÄGELN

Wie du das Nägelkauen dauerhaft
beendest und für immer hinter dir lässt

14 x Hypnose für
innere Ruhe &
Selbstkontrolle
ohne Rückfalle

BONUS
EXLUSIVES
TOOLKIT ALS
DOWNLOAD

Isabella Buschinger M.A.

Hinweise für Leser: Dieses Buch dient ausschließlich Bildungs- und Unterhaltungszwecken, die Anwendung erfolgt auf eigene Verantwortung. Da sich Standards in Behandlungsverfahren ändern können, sind Techniken oder Empfehlungen nicht in jedem Fall als garantiert wirksam oder bedenkenlos anzusehen. Die Inhalte ersetzen keine professionelle Beratung. Konsultiere bei psychiatrischen oder neurologischen Behandlungen deinen Arzt und wende dich bei gesundheitlichen Fragen an einen qualifizierten Fachmann. Die Autorin haftet nicht für Schäden oder Verluste durch die Nutzung der Inhalte oder für deren Richtigkeit und Vollständigkeit.

Für alle, die bereit sind, loszulassen.
Dieses Buch ist für dich – für deinen Mut, alte Gewohn-
heiten hinter dir zu lassen, für deine Bereitschaft, neue
Wege zu gehen, und für dein Vertrauen in die Kraft der
Hypnose.

Danksagung

Dieses Buch wäre nie entstanden ohne die Menschen, die mich begleiten und stärken.

Mein tiefster Dank gilt dir, Manuel. Mit dir an meiner Seite finde ich den Mut, Neues zu beginnen und die Kraft, es zu vollenden. Danke, dass du an mich glaubst, auch dann, wenn ich es selbst nicht tue.

Ich danke meiner Familie – für euer Vertrauen, eure Geduld und dafür, dass ihr da seid. Ohne euch hätte ich viele Wege nicht gehen können.

Und ich danke all den Menschen, die mir in meiner Arbeit begegnen. Ihr habt mir gezeigt, wie tief Veränderung reichen kann. Dieses Buch ist auch für euch.

Isabella Buschinger
Berlin, Dezember 2024

Inhaltsverzeichnis

Schöne Nägel:
Dein exklusives Toolkit

Als Dankeschön für den Kauf meines Buches erhältst du
ein **exklusives Download-Paket** mit praktischen Ma-
terialien, die dich über das Buch hinaus begleiten – sofort
verfügbar als PDF.

↑ JETZT QR-CODE SCANNEN ↑

Um Zugang zu erhalten:

Scanne den QR-Code oder besuche:

www.hypnose-in-berlin.de/naegel-toolkit

NUR FÜR LESER DIESES BUCHES
Hole dir deine Motivation für gesunde Fingernägel!

Was dich in deinem Toolkit erwartet

140 Seiten exklusive Zusatzmaterialien bekommst du begleitend zum Buch, um dich im Alltag zu stärken, deine Fortschritte sichtbar zu machen und dein Verhalten nachhaltig zu verändern.

Du bekommst:

- Alle **14 Hypnose-Skripte** und Fragen zum Ausdrucken

- 30-Tage-**Gewohnheitstracker**, um Veränderungen sichtbar zu machen

- 30-Tage-**Journal mit Affirmationen** als tägliche Erinnerung für Selbstkontrolle, Gelassenheit und Motivation

- **Notfallplan** für schwierige Momente, wenn der Drang besonders groß ist

Praxiserprobt · gepflegte Fingernägel · Sofort

STARTE JETZT DEINEN WEG ZU SCHÖNEN FINGERNÄGELN

Scanne den QR-Code und hole dir dein Toolkit!

Vorwort

Hallo Ich freue mich, dass du mit der Kraft der Hypnose das Nägelkauen dauerhaft überwinden möchtest. Vielleicht kennst du das unangenehme Gefühl, in stressigen oder langweiligen Momenten an deinen Fingernägeln zu kauen – ein Verhalten, das schwer zu ändern scheint. Dieses Buch soll dir als Ratgeber und als dein persönlicher Begleiter auf dem Weg zu schönen und gepflegten Nägeln helfen, dieses Muster zu durchbrechen und neue, positive Verhaltensweisen zu etablieren.

Das Buch basiert auf über 10 Jahren Erfahrung in meiner Praxis als Hypnosetherapeutin. Neben einer Einführung in die Hypnose erwartet dich eine Schritt-für-Schritt-Anleitung. Du wirst das Nägelkauen auf einer tieferen Ebene verstehen und die dahinterliegenden emotionalen Auslöser erkennen können. Durch die zahlreichen praktischen Übungen, Reflexionsfragen und Hypnosen wird es leicht sein, dich auf die Veränderung einzulassen und deine Erfahrungen in deinen Alltag zu integrieren.

Es ist mir wichtig, dir zu zeigen, dass selbst hartnäckige Gewohnheiten nicht für immer bestehen müssen – Veränderung ist jederzeit möglich. Viele meiner Klienten waren überrascht, wie schnell sie mit der richtigen Herangehensweise Fortschritte gemacht haben. Hypnose hilft dir dabei, nicht nur das Nägelkauen zu beenden, sondern auch ein neues Bewusstsein für deine Bedürfnisse und Emotionen zu entwickeln. Je mehr du dich auf diesen

Prozess einlässt, desto nachhaltiger wird die Veränderung sein.

Ich wünsche dir viel Erfolg und Freude auf dieser Reise,

ISABELLA BUSCHINGER
Berlin, Dezember 2024

Einführung

Für viele Menschen ist Nägelkauen mehr als nur eine lästige Angewohnheit. Vielleicht hast du schon verschiedene Methoden ausprobiert, um damit aufzuhören, aber es hat nie langfristig geklappt. Das ist nicht ungewöhnlich, denn Nägelkauen hat oft tiefere Ursachen, die mit Gefühlen wie Stress, Angst oder Unsicherheit zusammenhängen können.

Dieses Buch soll dir helfen, das Nägelkauen mit Hypnose zu überwinden, indem du deine emotionalen Auslöser erkennst und bearbeitest. Mein Ziel ist es, dein allgemeines Wohlbefinden nachhaltig zu verbessern: Ich möchte dir zu gesunden, schönen Nägeln verhelfen und dabei auch dein Selbstbewusstsein stärken.

Was die Wissenschaft zu Selbsthypnose und Nägelkauen sagt

Zahlreiche Studien belegen die Wirksamkeit der Hypnose bei der Behandlung von Gewohnheiten und Verhaltensweisen wie Nägelkauen oder auch Haare reißen. So gibt es Studien, etwa von Olness und Kohen (1996), die diese Thematik untersuchten. Unter Einwirkung von Selbsthypnose, d. h. unter Verwendung mentaler Vorstellungskraft zur Stärkung der Entspannung, konnten 82 % der Betroffenen die Symptomatik, also die Häufigkeit und Intensität des Nägelkauens, deutlich reduzieren und nahezu 50 % konnten sie vollständig beenden. Diese Ergebnisse verdeutlichen das große Potenzial, mit Selbsthypnose das Nägelkauen zu reduzieren oder vollständig damit aufzuhören. Es kann oft schnell zu Verbesserungen oder sogar zu einem vollständigen Rückgang der ungeliebten Gewohnheit kommen. Wie bei der Hypnose kann auch bei der Selbsthypnose die exakte Wirkungsweise bis heute nicht vollständig erklärt werden. Wundere dich also nicht, wenn sich die positive Wirkung vielleicht unerwartet schnell bei dir zeigen wird, ohne dass du es selbst verstehst.

In diesem Buch zeige ich dir, wie du das ungeliebte Nägelkauen unterbrechen und die Kraft der Selbstheilung nutzt. Du lernst Schritt für Schritt, das Nägelkauen mithilfe der Selbsthypnose zu überwinden und den bewussten und unbewussten Prozess des Fingernägelkauens positiv einzugreifen. Du hast die Chance, dein Verhalten nachhaltig zu verändern und das Kapitel Nägelkauen endlich abzuschließen, zu heilen und Kontrolle darüber zu erlangen, was du tun möchtest und was nicht. Das erste Kapitel „Einführung in die Hypnose und Selbsthypnose" dient als informative Basis. Danach geht es praktisch los: Jedes weitere Kapitel schließt mit einer Hypnoseübung ab, in der du das jeweilige Thema bearbeiten und vollständig integrieren kannst. Bonus dieses Buchs sind vier Hypnosen, die speziell entwickelt wurden, um noch leichter mit dem Nägelkauen aufzuhören und endlich schöne Fingernägel und gepflegte Hände zu bekommen. Viele meiner Klienten haben sehr gute Erfahrungen mit ihnen gemacht und längst aufgehört, an den Fingernägeln zu kauen.

Damit es dir auch so geht, werde ich dir wichtige Übungen und Fragen zur Verfügung stellen. Sie werden dir bei deiner Vorbereitung auf die Hypnose helfen, damit du bestmöglich von ihr profitieren kannst.

Was dich erwartet

Dieses Buch ist zum einen eine Einführung in die Hypnose und zum anderen ein praxisnahes Arbeitsbuch mit vielen praktischen Tipps, die dir helfen, Hypnose zu Hause anzuwenden. Es legt das theoretische Fundament für die Hypnose und zeigt dir, wie du sie konkret gegen Nägelkauen anwendest und dabei deinen Fortschritt intensiv reflektierst. Du bekommst Raum, deine eigenen Erfahrungen zu dokumentieren und Hypnose in deinen Alltag zu integrieren, damit die positiven Effekte langfristig gefestigt werden.

Wie du dieses Buch am besten nutzt

Am besten nutzt du das Buch, in dem du schrittweise die Übungen machst und die Fragen beantwortest. Wenn du schon viel Erfahrung mit Hypnose hast, kannst du den Teil mit der Einführung der Hypnose überspringen und gleich mit den Übungen starten. Falls du jedoch nicht so geübt oder sogar neu in der Hypnose bist, empfehle ich dir, die Hinweise aufmerksam zu lesen und parallel zu den Übungen auch immer wieder nachzuschlagen. Nimm dir ausreichend Zeit für die Reflexionsübungen und notiere deine Gedanken, Gefühle und Fortschritte. Dieses Buch soll dein persönlicher Begleiter sein und dir helfen, alte Verhaltensmuster zu erkennen und ein für alle Mal zu verändern.

Hinweis zur Verwendung des generischen Maskulinums

Um dir einen besseren Lesefluss zu ermöglichen, verwende ich in diesem Buch meist das generische Maskulinum, also die grammatisch männliche Form für alle Personenbezeichnungen. Diese schließt alle Geschlechter ein.

Tipps zur Anwendung der Hypnose

Eine Hypnose erkennst du an diesem Buchsymbol. Es zeigt, dass du den folgenden Hypnosetext in Ruhe lesen und dir dafür einen ruhigen Ort suchen darfst, an dem du ungestört bist. Setze dich oder lege dich bequem hin. Eine entspannte Atmosphäre hilft dir, leichter in Hypnose zu gehen. Wenn du möchtest, kannst du leise Musik im Hintergrund laufen lassen oder mit einer Atemübung beginnen, wie du sie im Kapitel „Achtsamkeit und Stressbewältigung" beschrieben findest.

Lies die Hypnosetexte langsam und bewusst – entweder laut oder in Gedanken. Du kannst die Texte auch aufnehmen und sie dir selbst vorspielen. Schließe während der Hypnose am besten die Augen, um dich auf die Visualisierungen besser konzentrieren zu können. Lass dir nach der Hypnose Zeit, um die Wirkung nachklingen zu lassen, und reflektiere deine Gedanken und Gefühle.

Am wichtigsten ist, dass du offen für die Hypnose und die Veränderungen bist. Wiederhole die Übungen regelmäßig und erinnere dich im Alltag daran, die Techniken anzuwenden, wenn du ruhig und kontrolliert bleiben möchtest. Mit der Zeit wird es dir leichter fallen, dich auf die Hypnose einzulassen und ihre Wirkung voll auszuschöpfen. Du findest auch ein Kapitel mit dem Titel „Häufige Fragen und Hindernisse", in dem ich die häufigsten Fragen meiner Klienten und Leser beantworte. Dieser Abschnitt soll dir helfen, Unsicherheiten schnell zu klären und Lösungen für eventuelle Schwierigkeiten zu finden, die bei der anfänglichen Anwendung der Hypnose auftreten können.

Tipps zu den Reflexionsfragen

In diesem Buch wirst du immer wieder Fragen beantworten dürfen. Gib dein Bestes, sie ehrlich zu beantworten. Manchmal kann es helfen, kurz die Augen zu schließen, um eine passende Antwort zu finden. Nimm dir dafür auch gerne einen Moment Zeit. Lies die Fragen laut oder leise vor. Mit geschlossenen Augen fällt es den meisten Menschen leichter, sich ihrer inneren Welt zuzuwenden und sich zu erinnern. Wenn die Augen geschlossen sind, ist der Zugang zum unbewussten Raum geöffnet. Dieser Zustand ermöglicht es uns, Antworten zu finden, die uns vielleicht erst mit geschlossenen Augen und einer nach innen gerichteten Aufmerksamkeit möglich sind. Vertraue bei deinen Antworten auf spontane Einfälle und deine Intuition, also auf dein Bauchgefühl. Deine Antworten müssen dabei keineswegs wirklich oder echt oder gar objektiv wahr sein, sondern dürfen in dem Moment spontan und für den Moment stimmig sein. Vermeide es, Antworten bewusst zu korrigieren. Wenn du nicht sofort eine passende Antwort finden kannst, lass dir eine Minute Zeit. Du kannst die offene Frage auch zu einem späteren Zeitpunkt beantworten und zur nächsten Frage übergehen. Ich empfehle dir, zusätzlich Papier oder auch ein Tagebuch beim Lesen bereitzulegen, damit du ausreichend Platz dafür hast, deine Gedanken aufzuschreiben.

Ich wünsche dir nun viel Spaß beim Lesen, Üben und Staunen über die positiven Veränderungen, die du mit der Selbsthypnose erreichen wirst!

1. Hypnose bei Nägelkauen

Hypnose ist ein veränderter Bewusstseinszustand, in dem du eine tiefe Entspannung und eine erhöhte Konzentration erlebst. Es ist ein Zustand zwischen Wachsein und Schlafen, in dem du besonders aufnahmefähig für positive Suggestionen bist. Wir erleben diesen Zustand jeden Tag mindestens zweimal: wenn wir morgens vom Wecker aufgeweckt werden, aber noch nicht so richtig wach sind, und am Abend beim Einschlafen, wenn wir nicht mehr richtig wach sind und fast schlafen. Viele Menschen denken, dass Hypnose eine Art „Kontrollverlust" ist oder sie in Trance „weg" sind, aber tatsächlich behältst du in Hypnose jederzeit die Kontrolle über das, was du willst und was du nicht willst.

Während der Hypnose tritt dein Bewusstsein leicht in den Hintergrund und dein Unterbewusstsein öffnet sich für die gewünschten Veränderungen.

Studien zeigen, dass sich die Gehirnaktivität während der Hypnose verändert. Insbesondere nehmen Alpha- und Theta-Wellen zu, was mit tiefer Entspannung und erhöhter Aufmerksamkeitsfokussierung einhergeht.

Diese langsamen Gehirnwellen sind auch in Meditation und im Halbschlaf aktiv – genau in jenen Momenten, in denen das Unterbewusstsein besonders aufnahmefähig ist.

Gleichzeitig reduziert sich die Aktivität im präfrontalen Kortex, der für kritisches Denken, Rationalität und Entscheidungsfindung zuständig ist. Das bedeutet, dass der bewusste Verstand für eine Weile in den Hintergrund tritt, während das Unterbewusstsein leichter Zugang zu neuen Informationen und positiven Suggestionen bekommt. Dadurch können tief verankerte Gewohnheiten, wie das Nägelkauen, auf einer unbewussten Ebene beeinflusst und verändert werden.

Während der Hypnose nutzen wir eine positive Sprache mit Suggestionen, die darauf abzielen, dein Verhalten, deine Emotionen und deine Denkweise auf eine positive Weise in die gewünschte Richtung zu beeinflussen. Diese Suggestionen können dabei helfen, tief verankerte Gewohnheiten zu verändern, Ängste abzubauen, Schmerzen zu lindern oder das Selbstbewusstsein zu stärken. Ganz einfach formuliert wirkt Hypnose, indem sie dem bewussten, kritischen Verstand vielleicht sogar eine Pause gönnt und sich so ein kreativer Teil mit Zugang zum Unterbewusstsein für Veränderungen öffnet. Du solltest wissen, dass Hypnose nur funktioniert, wenn du bereit und offen dafür bist. Es ist keine Form von „Gedankenkontrolle" oder gar „Umprogrammierung", sondern eher eine Methode, um dein eigenes Potenzial zur Veränderung zu aktivieren. Hypnose kann dir helfen, das zu erreichen, was du dir wünschst und selbst zutraust.

1.1. Selbsthypnose für schöne Fingernägel

Nun haben wir uns die Hypnose genauer angeschaut. Die Selbsthypnose ist eine Technik, bei der du dich eigenständig in einen hypnotischen Zustand versetzt, ohne das Zutun einer zweiten Person wie eines Hypnosetherapeuten. Du kannst Selbsthypnose erlernen, um dich selbst zu beruhigen, Stress abzubauen oder unerwünschte Verhaltensweisen zu verändern – in diesem Fall das Nägelkauen. Selbsthypnose nutzt ähnliche Mechanismen wie die geführte Hypnose, allerdings übernimmst du hier selbst die Rolle des Hypnotiseurs.

Der Vorteil von Selbsthypnose ist, dass du sie jederzeit anwenden kannst, wann immer du das Bedürfnis hast. Du kannst sie überall und zu jeder Zeit nutzen, und einmal erlernt, wirst du dieses hilfreiche Tool auch nicht mehr vergessen. Nutze es auch neben dem Ziel, mit dem Fingernagelkauen aufzuhören, um Stress zu bewältigen oder dich zu entspannen.

Da Nägelkauen oft unbewusst abläuft, ist es schwer, dieses Verhalten nur mit reiner Willenskraft zu ändern. Genau hier kommt die Selbsthypnose ins Spiel: Sie hilft dir, die automatischen Abläufe und unbewussten Prozesse bewusst zu machen und in eine neue, für dich hilfreiche Richtung zu verändern.
Während der Selbsthypnose kannst du dein Unterbewusstsein neu ausrichten, indem du dir zum Beispiel vorstellst, wie es sich anfühlt, schöne, gepflegte Nägel zu haben. Du kannst die Suggestion verstärken, dass du ruhig

und entspannt bleibst, auch in Situationen, die normalerweise das Nägelkauen auslösen würden.

In meiner Praxis bekommen Klienten immer auch Tipps für die Anwendung der Selbsthypnose zu Hause mit, und es hat sich bewährt: Klienten, die offen dafür sind, neben der Hypnosetherapie in der Praxis Selbsthypnose als Ergänzung anzuwenden, kommen häufig schneller und nachhaltiger an ihr Ziel. Sie können Selbsthypnose so oft, wie es ihnen guttut nutzen, was ihnen auf ihre inneren Ressourcen zuzugreifen.

Gerade weil Nägelkauen oft tiefer liegende emotionale Ursachen, wie Angst, Nervosität, Unsicherheit oder Langeweile, hat, kann Hypnose helfen. Es handelt sich um eine unbewusste Gewohnheit, die in Momenten emotionaler Anspannung auftritt. In der Hypnose wirst du auf dieser unbewussten Ebene arbeiten, indem du die Ursachen für dein Verhalten erkennst und neue, positive Reaktionsmuster aufbaust. Anstatt unbewusst an deinen Nägeln zu kauen, wirst du bewusster und achtsamer mit deinen Händen umgehen.

1.2. Vorbereitung auf die Selbsthypnose

Die Anwendung von Hypnose zu Hause ist eine großartige Möglichkeit, um das Nägelkauen endlich hinter sich zu lassen. Damit dir der Einstieg in die Selbsthypnose leicht gelingt und du das Beste aus Hypnose herausholen kannst, gibt es ein paar Dinge, die du beachten solltest.

In diesem Buch erkennst du eine Hypnose, wie bereits erwähnt, an dem Buchsymbol. Suche dir dann zunächst einmal einen ruhigen Ort, an dem du dich wohlfühlst und du ungestört sein kannst. Es hilft, wenn der Raum gut belüftet und frei von Ablenkungen ist. Schalte dein Handy aus und sorge dafür, dass es keine störenden Geräusche gibt. Dies schafft die nötige Ruhe und hilft, dich zu entspannen und auf die Hypnose zu konzentrieren. Lies die Hypnosetexte langsam und bewusst – entweder laut oder in Gedanken. Du kannst die Texte auch aufnehmen und dir die Sprachaufnahme selbst vorspielen. Eine angenehme, ruhige Musik im Hintergrund kann dir auch helfen, dich zu entspannen und dich leichter auf die Worte und die Trance einzulassen..

Eine wichtige Frage, die sich viele stellen, ist, ob sie während der Hypnose lieber sitzen oder liegen sollen. Beide Positionen haben ihre Vorzüge. Wenn du dazu neigst, während der Hypnose schnell einzuschlafen, kann die sitzende Position besser für dich sein. Setze dich dann aufrecht hin oder nutze eine Stuhllehne, achte darauf, dass dein Rücken gerade ist, und stelle deine Füße flach auf den Boden. Diese Haltung sorgt dafür, dass du wacher bleibst und währenddessen nicht einschläfst. Eine liegende Position ist ebenfalls eine gute Option, wenn du dadurch wach genug bleiben kannst oder du womöglich danach einschlafen möchtest. Dann kannst du nach der Hypnose liegenbleiben und zum Beispiel am Abend einschlafen. Wenn du dann wieder aufwachst, ist die Trance ganz von allein wieder beendet und du brauchst keine besondere extra Ausleitung dafür.

Ob du die Augen während der Hypnose offen oder geschlossen hältst, ist ebenfalls eine persönliche Entscheidung. Die meisten Menschen schließen die Augen, um die Außenwelt auszublenden und sich besser zu konzentrieren. Alternativ kannst du zu Beginn auf einen festen Punkt schauen und die Augen schließen, sobald du merkst, dass du dich entspannst.

Die Vorbereitung auf die Hypnose ist ebenso wichtig. Um in den gewünschten Zustand der Entspannung zu gelangen, beginne damit, einige tiefe Atemzüge zu nehmen. Atme langsam durch die Nase ein und durch den Mund aus. Mit jedem Atemzug lässt du mehr Spannung los und bereitest deinen Körper darauf vor, in die Hypnose zu sinken. Nimm dir Zeit, deinen Körper bewusst von den Füßen bis zum Kopf zu entspannen. Spüre, wie die Verspannung nachlässt und du immer ruhiger wirst. Diese Vorbereitung hilft dir, schneller in den hypnotischen Zustand zu gelangen.

Der Zeitpunkt einer Hypnose kann ebenfalls entscheidend sein. Es ist empfehlenswert, Hypnose täglich an festen Tageszeitpunkten durchzuführen, wie vor dem Frühstück oder beim Zubettgehen. Auf die Weise schaffst du eine gewisse Routine und innere Bilder werden dadurch leichter verankert und verinnerlicht.

Bevor du mit der Hypnose beginnst, solltest du dir noch mal klarmachen, um welche Veränderung es geht. Formuliere dein Ziel, mit dem Nägelkauen aufzuhören, in deinen Worten. Was möchtest du mit dieser Hypnose erreichen?

Die Dauer deiner Hypnose ist flexibel, aber oft reichen schon 10 bis 20 Minuten aus, um erste Erfolge zu erzielen. Mit zunehmender Übung wirst du feststellen, dass du schneller in einen tiefen Zustand der Entspannung gelangst, und deine Hypnosen können entsprechend kürzer oder länger sein – je nachdem, was für dich am besten funktioniert.

Es ist auch wichtig, geduldig mit sich selbst zu sein. Hypnose ist eine Fähigkeit, die mit der Zeit immer effektiver wird. Regelmäßige Praxis ist der Schlüssel. Je häufiger du Hypnose anwendest, desto schneller und tiefer wirst du in Trance gehen. Veränderungen kommen oft subtil und allmählich. Vertraue dem Prozess, denn letztlich ist es wichtig, seinen eigenen Rhythmus zu finden.

Jeder Mensch reagiert unterschiedlich auf Hypnose, und was für den einen funktioniert, muss für den anderen nicht zwingend das Beste sein. Experimentiere mit verschiedenen Zeiten, Positionen, Techniken und Hypnosen, bis du die für dich optimale Weise gefunden hast. Vielleicht stellst du fest, dass du dich in der liegenden Position besser entspannen kannst oder eine kurze morgendliche Hypnose dir den besten Start in den Tag ermöglicht.

1.3. Selbsthypnose Ablauf in Kürze

Die gute Nachricht ist, dass jeder Selbsthypnose erlernen kann. Es erfordert lediglich ein wenig Übung und Geduld.

Hier ist eine einfache Anleitung, wie du die Hypnosen in diesem Buch durchführen kannst:

1. Suche dir zunächst einen Ort, an dem du ungestört bist und dich entspannen kannst.

2. Setze oder lege dich bequem hin, damit du dich entspannen und du für eine Weile in dieser Position bleiben kannst.

3. Atme tief ein und aus. Lies die Hypnosetexte ruhig und entspannt oder spiele sie als Sprachaufnahme ab. Dann ist es auch möglich, die Augen zu schließen, wenn du es möchtest. Beginne, langsam und tief zu atmen. Konzentriere dich auf deinen Atem und lasse alle Gedanken los.

4. Beende die Hypnose, indem du langsam wieder ins Hier und Jetzt zurückkehrst. Öffne deine Augen und strecke und recke dich.

Die Hypnosetexte in diesem Buch sind alle ausführlich geschrieben, sodass du eine ausreichend lange Einleitung hast, mit der du dich auf die Hypnose einstimmen kannst, und eine Ausleitung, mit der du wieder wach und gestärkt aus der Hypnose zurückkehrst.

Solltest du merken, dass du mehr Zeit benötigst, um dich auf die Hypnose einzustimmen, findest du wie bereits in der Einleitung erwähnt im Kapitel „Achtsamkeit und Stressbewältigung" Übungen, die dir helfen können, dich zu entspannen und auf die darauffolgende Hypnose vorzubereiten.

Nimm dir für eine Hypnose am Anfang etwa 15 bis 20 Minuten Zeit. Wiederhole die Hypnose am besten täglich, mindestens jedoch 2- bis 3-mal pro Woche. Im Laufe der Zeit gelangen Menschen immer schneller und einfacher in die Trance. Meist genügen für Geübte dann auch fünf bis zehn Minuten für eine Hypnose.

1.4. Anhaltende Motivation durch Hypnose

Die persönliche Motivation hat einen bedeutenden Einfluss auf den Erfolg beim Erreichen und Halten gepflegter und schöner Fingernägel und Hände. Es ist offensichtlich, dass es einen großen Unterschied macht, ob jemand motiviert und bereit ist, Handlungen zu unternehmen, um etwas zu verändern, oder ob er lediglich hofft, dass sich etwas ändert.

Reflektiere:

- Möchte ich, dass sich etwas verändert, und kann ich mir vorstellen, dass sich etwas verändern wird?

- Ist es mein Wunsch nach Veränderung und meine Entscheidung, mit dem Nägelkauen aufzuhören?

Sei bei der Beantwortung der Fragen ehrlich zu dir: Hast du beide Fragen eindeutig mit „Ja" beantwortet, ohne auch nur einen Moment lang daran zu zweifeln, dass es sich lohnen würde? Machst du es für dich und ist es dir egal, was andere darüber denken und was dein Umfeld von dir erwartet?

Die Erfolgsaussichten einer Veränderung steigen deutlich, je eindeutiger der Wunsch nach Veränderung aus dir selbst kommt und du dich dafür verantwortlich fühlst. Es gibt immer wieder Klienten in meiner Praxis, bei denen die Familie die treibende Kraft ist. Es ist zwar nachvollziehbar, dass sich Partner, Eltern, Freunde und Familienangehörige für das Wohlergehen eines Menschen einsetzen, kann aber für die Veränderung schwierig sein, wenn sie nicht aus eigenem Antrieb erfolgt. Wenn dann noch Erwartungsdruck von außen entsteht, kann es den Prozess zusätzlich erschweren.

Hypnose wirkt durch positive innere Bilder

Hypnose kann die Motivation immens vervielfachen. Du kannst wirksame Bilder und Visionen erzeugen und neue Erkenntnisse über dich gewinnen, die dir vielleicht bislang noch nicht bewusst waren. Darin kannst du dich in einem Zustand sehen, in dem deine Hände und Fingernägel gepflegt sind und genauso aussehen, wie du sie dir wünschst. Die inneren Bilder, die du während der Hypnose entwickelst, werden dir auf deinem Weg zu deinem Ziel helfen. Die Hypnose wird deine Motivation und deine bewussten und unbewussten Ressourcen stärken und dir dabei helfen, dein Ziel zu erreichen, gepflegte Hände und Fingernägel zu haben.

Durch die Hypnose kannst du nun unbewusste Verhaltensmuster durchbrechen und die Hilfe bekommen, neue, positive Gewohnheiten zu etablieren. Die Fähigkeit, dich selbst in den Zustand der Trance zu versetzen, eröffnet dir ungeahnte Möglichkeiten. Im nächsten Kapitel schauen wir uns das Nägelkauen genauer an und beleuchten die emotionalen und psychologischen Auslöser hinter dieser Gewohnheit. Am Ende dieses Kapitels erwartet dich deine erste Hypnose.

2. Nägelkauen verstehen

Nägelkauen, medizinisch als Onychophagie bezeichnet, ist eine häufige Angewohnheit, von der etwa 20–30 % der Menschen betroffen sind. Nägelkauen beginnt oft im Kindesalter und bleibt bis ins Erwachsenenalter bestehen, auch wenn Betroffene bewusst und aktiv versuchen, die Angewohnheit abzulegen. Studien zeigen, dass Nägelkauen häufig als Reaktion auf Stress, Langeweile oder Angst auftritt. Psychologen sehen es als eine Möglichkeit, innere Spannungen abzubauen, ähnlich wie das Kauen auf einem Stift oder das Knacken der Fingerknöchel. In stressigen Momenten greifen viele Menschen unbewusst auf solche beruhigende Rituale zurück, um sich zu entspannen und den inneren Druck auszugleichen – eine Form der Selbstregulation.

2.1. Auswirkungen auf das Selbstbild

Schöne Hände und Fingernägel vervollständigen das gepflegte Äußere eines Menschen und können sowohl Eintrittskarte bei privaten als auch bei geschäftlichen Begegnungen sein als auch diese verhindern und zum Ausschluss führen.

Abgekaute Nägel werden häufig als Zeichen mangelnder Willensstärke oder Disziplin wahrgenommen, eine falsche Annahme, die Betroffene stark belastet. Abgekaute Fingernägel sind im sozialen Kontakt schnell erkennbar.

So erleben Betroffene bewusst oder unbewusst wertende Blicke, Unverständnis bis zu Ablehnung, was häufig Schuld- und Schamgefühle sowie das Empfinden von Unzulänglichkeit auslöst. Das Verstecken abgekauter Fingernägel und das Verheimlichen des „Problems" verschlimmern die Situation oft noch weiter, da der innere Druck bestehen bleibt und die Anspannung das Nägelkauen verstärkt. Die meisten Betroffenen kauen schon ihr ganzes Leben lang an den Fingernägeln.

Vielleicht sind dir die folgenden Sätze aus der Kindheit bekannt:

> *„Lass deine Finger in Ruhe!"*
>
> *„Was hast du da schon wieder gemacht?"*
>
> *„Wie sehen deine Nägel aus?"*
>
> *„Finger weg vom Mund!"*

Diese Sätze hallen lange bis ins Erwachsenenalter nach. Ratschläge und Aufforderungen sind zwar meist gut gemeint, bauen jedoch zusätzlichen Druck auf. Sie verleiten auch dazu, in einem unbeachteten Moment erst recht an den Fingernägeln zu kauen.

Im Internet findet man zahlreiche Ratschläge und Ideen, wie Fingernägelkauen leicht aufzugeben sein soll.

Da heißt es dann etwa folgendermaßen:

- Beginne mit einem einzelnen Finger, dessen Nagel du wachsen lässt.

- Pflege deine Nägel regelmäßig, halte sie kurz, damit es nichts gibt, was du abbeißen könntest.

- Nimm immer eine Nagelschere oder Nagelfeile mit, für den Fall, dass ein Fingernagel einreißt oder Haut absteht.

- Benutze Nagellack mit bitterem Geschmack, damit der Geschmack dich davon abhält, an deinen Fingernägeln zu kauen.

- Belohne dich selbst, wenn du die Fingernägel eine bestimmte Zeit lang in Ruhe gelassen hast.

Vielleicht hast du diese Tipps schon einmal selbst ausprobiert. Haben sie dir geholfen? Viele Betroffene fühlen sich von solchen Ratschlägen missverstanden, weil das Problem viel tiefer geht. Denn seien wir ehrlich: Wenn es so einfach wäre, wie diese Tipps es vermuten lassen, hättest du das Nägelkauen vermutlich schon längst überwunden. Eines steht fest: Der Leidensdruck ist bei Nägelkauen enorm. Wahrscheinlich hast du dir schon oft gesagt, dass du aufhören solltest, an deinen Fingernägeln zu kauen, und bist mit deinen bisherigen Versuchen gescheitert. Der bewusste Wille allein scheint oft nicht auszureichen, um diese Gewohnheit dauerhaft zu verändern.

2.2. Unangenehme Gewohnheiten ablegen

Nägelkauen hat dich wahrscheinlich über viele Jahre hinweg begleitet, auch wenn es sicher Phasen gab, in denen du es besser im Griff hattest und deine Fingernägel gewachsen sind. Doch die Frustration darüber, dass es dir bisher nicht dauerhaft gelungen ist, damit aufzuhören, ist vermutlich inzwischen sehr groß. Wie bei vielen unangenehmen Gewohnheiten steckt auch hinter dem Nägelkauen oft ein negativer Kreislauf. Wie oft hast du dir schon vorgenommen:

„Ab jetzt lasse ich meine Fingernägel in Ruhe!",

Doch dann im nächsten Moment musstest du festzustellen, dass du – ohne es zu bemerken – doch wieder gekaut hast?

Viele Betroffene berichten, dass sie das Knabbern oft erst dann bemerken, wenn es bereits passiert ist – währenddessen oder erst danach. Es scheint, als würde das Knabbern unbewusst passieren und als wäre dieser Moment, in dem die Hand zum Mund geht, wie eine Art Automatismus oder auch Trance, allerdings nicht auf eine hilfreiche Weise. Trance ist ein Zustand, den wir in der Hypnose und Selbsthypnose erreichen und gezielt nutzen werden, um deine Aufmerksamkeit und Handlungen in eine positive Richtung zu lenken.

Die Hypnoseübungen werden dir helfen, in eine sogenannte Lösungstrance zu kommen, also eine Trance, in der du die Lösung erleben wirst und neue Strategien zur Erreichung unseres Ziels integrierst.

Der Begriff der „Problembewusstheit" hat in den vergangenen Jahren an Bedeutung gewonnen. Beim Nägelkauen bist du vermutlich oft so sehr von deinen Gedanken, Gefühlen oder der Situation eingenommen, dass du das

Kauen erst bewusst wahrnimmst, wenn die Erleichterung eintritt oder die Situation sich verändert hat.

Vielleicht merkst du erst dann, dass „es" wieder passiert ist, wenn das kleine Stück, das du abreißen wolltest, bereits zu einem größeren geworden ist. Vielleicht wird dir auch erst dann wieder bewusst, dass du es eigentlich nicht mehr willst, was dir zum Zeitpunkt des Kauens „egal" war. Die Handlung geschieht überwiegend unbewusst, und erst später wird das Ausmaß klar, ebenso wie der Ärger, die Enttäuschung oder die Wut über das eigene Verhalten: Wieder versagt, erneut die Kontrolle verloren.

Die meisten Betroffenen kennen Schuldgefühle, Ärger, Wut, Scham, das Gefühl, nicht gut genug zu sein, und abwertende Gedanken:

> *„Das schaffst du sowieso nicht!"*
>
> *„Ist ja klar, dass es wieder passiert ist!"*
>
> *„Nicht mal hier kannst du die Kontrolle bewahren!"*
>
> *„Nichts hast du im Griff!"*

Kommen dir solche inneren Dialoge bekannt vor? Diese Gedanken werden dir jedoch nicht gerecht.

Denn solange das Nägelkauen eine Funktion erfüllt und dich beispielsweise beruhigt, entspannt oder gar beschäftigt hält, kämpfst du ständig gegen dich selbst. Und das ist auch der Grund, warum es dir über so viele Jahre hinweg nicht gelungen ist, damit aufzuhören.

2.3. Warum du Fingernägel kaust

Wenn du bisher vergeblich versucht hast, mit dem Nägelkauen aufzuhören, gibt es vielleicht eine Seite in dir, die vom Nägelkauen profitiert oder zumindest in einer Zeit deines Lebens davon profitiert hat. Was, wenn das Nägelkauen eine bewusste oder unbewusste Funktion erfüllt? Wäre es dann nicht schwer, einfach damit aufzuhören? Veränderung erfordert immer Energie. Sie muss sinnvoll erscheinen, damit wir die Kraft aufbringen, den Schritt wirklich zu gehen. Nur so können wir die notwendige Energie aufbringen, diesen Schritt zur Veränderung auch tatsächlich zu tun. Und wenn wir bei dem Beispiel bleiben: Die Veränderung muss auf allen Ebenen Sinn machen, um keinen inneren Kampf auszulösen, auf bewusster und auf unbewusster Ebene.

Nägelkauen wird oft als fremd und störend empfunden, etwas, das nicht zu einem gehört (ich-dyston). Kommt es dir auch manchmal vor, dass es eigentlich nicht zu dir passt? Ich erlebe immer wieder erfolgreiche Menschen in der Praxis, die überrascht und frustriert sind über ihr Verhalten und nicht verstehen können, was bei ihnen passiert. Auf die Frage, ob du mit dem Nägelkauen aufhören möchtest, hast du vermutlich im letzten Kapitel auch mit einem „Ja" geantwortet. Und das meinst du auch ernst. Eine Seite von dir möchte tatsächlich aufhören, an den Fingernägeln zu kauen! Wenn das allerdings die einzige Seite von dir wäre, die bei deinem Entscheidungsprozess „Fingernägel zu kauen oder nicht" eine Rolle spielen würde, dann hättest du wohl bereits damit aufgehört. Dann gäbe es vermutlich auch kein Problem, dann würdest du jetzt nicht dieses Buch lesen.

Es scheint, als würde eine andere Seite von dir diesen Entschluss bereits gefasst haben, während eine weitere Seite „unkontrolliert" an den Fingernägeln weiterkaut. Das ist ein großer innerer Konflikt, der häufig mit zusätzlichem Stress und Anspannung verbunden ist. Dieser Zustand trägt möglicherweise wiederum zur Entladung von Spannung durch das Nägelkauen bei. Verbunden mit negativen Gedanken und Schuldvorwürfen, weil du die Kontrolle erneut verloren hast, wird dieses Verhaltensmuster immer wieder aufs Neue abgespielt. Beantworte die folgenden Fragen spontan aus dem Bauch heraus.

Reflektiere:

- Wofür kaust du an deinen Fingernägeln?

- In welchen Momenten kaust du an deinen Fingernägeln?

- Welche Gefühle hast du, kurz bevor du mit dem Nägelkauen beginnst?

- Welches Gefühl kannst du nach dem Kauen beschreiben? Wie fühlst du dich, nachdem du an den Fingernägeln geknabbert hast?

Wenn Betroffene gefragt werden, zu welchem Zeitpunkt sie an den Nägeln kauen, sind die Antworten häufig:

Ich kaue an den Nägeln, wenn ich ...

„angespannt bin, aufgeregt oder nervös bin."

„mich gestresst fühle."

„die Kontrolle verliere."

„mich unwohl fühle."

„einen spannenden Film anschaue."

„im Stau stehe und zu spät zu einem Termin komme."

„es gut machen und keine Fehler machen will."

„mich unsicher oder nicht gut genug fühle."

„mich gelangweilt fühle."

„entspannt bin."

„Nichts mit mir anzufangen weiß."

Du kannst in den nächsten Tagen zu diesen Antworten zurückkehren und prüfen, ob du andere Antworten findest, und diese dann vielleicht verändern oder ergänzen. Zudem wirst du im Kapitel „Reflexion und Selbstbeobachtung" dabei angeleitet werden, dein Verhalten genauer zu beobachten.

2.4. Das Problem dahinter

Das Nägelkauen ist oft nicht das eigentliche Problem, sondern kann eher wie ein Symptom verstanden werden. Es zeigt ein tieferliegendes Problem, eine Schwierigkeit oder ein Lernthema, das durch das Nägelkauen sichtbar wird. Ein Lernthema kannst du als einen nächsten Schritt im Entwicklungsprozess eines Menschen verstehen, und damit kann Nägelkauen sogar eine Chance sein. Eine Chance, zu wachsen!

Mit den Hypnoseübungen in diesem Buch wird es möglich sein, die unbewussten und dahinterliegenden Prozesse wahrzunehmen, um diese zu verändern. Ganz neutral gesprochen ist Nägelkauen lediglich eine Variante oder bislang bewährte Strategie, um von einem Zustand in einen anderen, meist angenehmeren Zustand zu gelangen. Aber es ist nur eine Strategie von vielen möglichen. Vielleicht gibt es auch in deinem Leben einen Zustand, den du dir manchmal in deinem Leben mehr wünschen würdest?

Wenn ich Klienten in der Praxis diese Frage stelle, antworten sie häufig:

Ich möchte mich

- entspannt

- ausgeglichen

- beruhigt

- sicher

- frei und ungezwungen

- locker und leicht fühlen

Ich möchte

- die Freiheit haben, selbst zu entscheiden, was ich wirklich tun will und was nicht.

- die Kontrolle darüber haben, wie ich mich fühle und was ich tue.

Reflektiere:

- Wie möchtest du dich „mehr" in deinem Leben fühlen? Entspannter, lockerer, freier etc.

- Was gibt dir im Leben das Gefühl von Entspannung, Ausgeglichenheit, Ruhe und Leichtigkeit?

- Was verschafft dir Sicherheit?

- Inwiefern hilft dir das Nägelkauen, diese Gefühlszustände zu erreichen?

- Welche anderen Möglichkeiten nutzt du bisher noch in deinem Leben, deine Zustände zu verändern und zu verbessern?

- Inwiefern spielen Gefühle wie Schuld und Scham beim Nägelkauen eine Rolle für dich, wenn dir jemand die Hand reicht und der Blick länger auf deinen Händen ruht?

- Alles, was wir im Leben tun, hat seinen Preis. Wie viel kostet es dich heute als Erwachsenen, wenn du dir mit Nägelkauen bessere oder andere Gefühle verschaffst? Bist du heute noch bereit, diesen Preis zu bezahlen?

....

....

....

Beim Reflektieren fällt dir bestimmt auf, dass Nägelkauen längst nicht eine geeignete Art dafür ist, alle gewünschten Gefühlszustände zu erreichen, entspannt, ausgeglichen. Nimm die Gedanken zu diesen Fragen mit in die nächsten Kapitel. Manchmal kann es sich auch lohnen, Fragen erneut zu beantworten.

Die Slow-Motion-Technik unterbricht Verhaltensmuster

Eingefahrene Verhaltensweisen und Verhaltensmuster sind zunächst nicht so leicht zu durchbrechen. Die Unterbrechung des Musters erfordert also etwas, das sowohl dein Unbewusstes und deinen Körper als auch dein Bewusstsein dazu bringt, das altbekannte Verhalten auf verschiedenen Ebenen deines Selbst infrage zu stellen, als erwachsener Mensch neu zu bewerten und die neue angemessene Verhaltensstrategie zu lernen und zu etablieren.

Die Slow-Motion-Technik wirst du in deiner ersten Hypnose in diesem Buch kennenlernen. Sie ist besonders dafür geeignet, Muster zu unterbrechen (Kohen 1991) und nachhaltig zu verändern.

Unwillkürliche, unbewusste Bewegungsabläufe beim Nägelkauen, werden auf der bewussten Ebene willkürlich, also willentlich, beabsichtigt, durchgeführt. Die Handbewegung, die sonst beim Nägelkauen gemacht wird, machst du in der Hypnose bewusst und stoppst, bevor die Finger tatsächlich den Mund berühren. So werden unbewusste Muster bewusst.

2.5.   Hypnose: Muster unterbrechen

Die folgende Hypnose erlaubt dir, das alte Muster Nägelkauen zu unterbrechen. Durch entschleunigte, langsame und bewusste Handbewegungen wirst du diese im Alltag wahrnehmen und deine Hände in eine andere Richtung bringen. Mit dieser Hypnose gehst du einen ersten Schritt in Richtung Veränderung und etablierst neue, positive Bewegungsmuster.

▲ **HINWEIS:**

Bevor du mit deiner ersten Hypnose in diesem Buch beginnst, möchte ich dir noch mal die Tipps zur Durchführung der Hypnose ans Herz legen, die du in der Einleitung dieses Buchs und im Kapitel „Einführung in die Hypnose und Selbsthypnose" findest. Dort werden grundlegende Hinweise gegeben, wie du die Hypnose nutzt und was du bei ihrer Anwendung beachten solltest. Suche dir einen ruhigen und ungestörten Ort. Lies die Hypnosetexte langsam und in Ruhe vor oder höre sie dir an, wenn du eine Audioaufnahme gemacht hast.

Hypnose:
Unterbrich dein altes Muster

Mach es dir bequem. Setze oder lege dich so hin, dass es angenehm für dich ist und du für die Zeit der Hypnose entspannt in der Position verweilen kannst. Nimm dir nun einen Moment Zeit, um deinen Alltag loszulassen.

Atme langsam und tief ein ... und lasse die Luft wieder ganz ruhig und sanft ausströmen. Mit jedem Ausatmen sinkst du tiefer in diesen Moment der Entspannung. Schließe jetzt deine Augen, während du weiter ruhig atmest ... und erlaube deinem Körper, mit jedem Atemzug immer schwerer zu werden. Der sanfte Fluss deines Atems füllt deinen Körper und lässt jegliche Anspannung mit dem Ausatmen los.

Lass dir Zeit. Du musst nirgendwohin, du musst nichts tun, außer hier zu sein und diesen Moment zu erleben. Richte deine Aufmerksamkeit auf die Unterlage unter dir ... spüre, wie sie dich stützt und trägt, sodass du dein ganzes Gewicht darauf abgeben kannst. Dein Körper sinkt tief in die Unterlage, sicher, ruhig, getragen. Mit jedem Atemzug entspannt dein Körper mehr und mehr ... deine Muskeln lassen nach und nach los. Spüre in deine Finger hinein, auch hier lassen die Muskeln locker ... Auch deine Hände und Arme entspannen sich und werden weich und angenehm warm. Lass die Entspannung weiter hinauf in deinen Nacken fließen, in dein Gesicht, den Kiefer ... Auch diese Bereiche lassen allmählich locker und die Entspannung breitet sich in deinem gesamten Körper aus.

Nimm wahr, wie dein Körper immer tiefer sinkt, schwer und zugleich so entspannt. Du bist sicher, die Lasten des Tages fallen langsam ab. Friedlich verstärkt sich mit jedem Atemzug das Gefühl der Ruhe ... ein Gefühl, das dich immer tiefer sinken lässt und deinen ganzen Körper erreicht.

Jetzt, in diesem ruhigen und angenehmen Zustand, möchte ich dich bitten, deine Hand zum Mund zu bringen – so wie du es sonst automatisch machst, wenn du dich unbeobachtet fühlst. Führe diese Bewegung extrem langsam durch. Stell dir vor, wie deine Hand sich in Zeitlupe bewegt, so langsam, dass du jede kleinste und winzige Bewegung ganz bewusst wahrnehmen kannst. Jede Bewegung wird zur Erfahrung, jeder Millimeter zur neugierigen Entdeckung. Spüre, wie deine Hand sich Stück für Stück, fast wie in Minischritten, in Richtung deines Mundes bewegt.

Achte auf das Gefühl in deiner Hand ... achte auf deine Finger und auf deinen Arm ... spüre, wie sich jeder Muskel anfühlt, jede Bewegung, die sonst so unbewusst und unbemerkt geschieht. Du wirst dir bewusst, wie die Hand sich dem Mund nähert, ganz langsam und ohne Eile. Es fühlt sich an, als würdest du die Zeit anhalten und sich deine Hand nicht bewegen, so langsam sind die kleinen Bewegungen. Halte die Augen geschlossen, während du jede kleine Bewegung intensiv wahrnimmst. Dann ... kurz bevor die Finger den Mund berühren, STOPPE. Halte an und halte inne ... spüre, wie die Hand in der Luft schwebt, einfach so, ohne das Ziel zu erreichen. Genieße den Moment der Kontrolle ... den Moment, in dem du entscheidest, ob die Bewegung fortgesetzt wird oder nicht.

Führe deine Hand nun langsam wieder hinab und lege sie ab. Bereite dich darauf vor, die Bewegung erneut auszuführen, ebenso langsam und vielleicht noch langsamer und genauso bewusst wie zuvor. Jetzt führe die Hand wieder zum Mund ... und stoppe erneut, bevor sie das alte Ziel erreicht. Dieses Mal ein wenig früher ... beobachte, wie du mit jeder Wiederholung bewusster wirst und die Kontrolle über die Bewegung übernimmst. Wiederhole diesen Vorgang so oft, bis du einen Punkt erreichst, an dem du den Moment der Unterbrechung mühelos findest und du ganz genau weißt, wo die Hand stoppt.

Jetzt bitte dein Unterbewusstsein, die Hand in dieser Position „einzufrieren", sie ruhig und starr zu machen. Halte sie genau so in dieser Position und nimm bewusst wahr, wo sich deine Hand gerade befindet. Stell dir vor, wie es aussehen würde, wenn du dich von außen beobachtest. Wenn du möchtest, öffne die Augen kurz und sieh dir an, wo deine Hand ist ... betrachte die Position genau. Verinnerliche diesen Moment, diese perfekte Position, auf jeder Ebene – bewusst, unbewusst und auf Körperebene. Jede Zelle in deinem Körper speichert diese Position ab. Und du kannst dir sicher sein, dein Körper wird sich an diesen Moment und diese perfekte Position erinnern, auch noch lange, wenn die Hypnose vorbei ist, und es tief für dich abspeichern.

Nun, während du in dieser Position verweilst, erlaube deinem Unterbewusstsein von hier aus, eine neue Bewegung zu erschaffen. Du kannst deine Finger schnippen lassen oder beide Hände zusammenführen. Nimm dir Zeit, herauszufinden, wie sie sich auf neue, kreative Weise bewegen sollen. Vielleicht möchtest du mit den Fingern über deine andere Hand streichen oder einen kleinen Gegenstand oder Talisman in die Hand nehmen. Erlaube dir, neue Möglichkeiten zu entdecken, wie deine Hände sich bewegen können, neue Wege zu finden, sich auszudrücken, die nichts mit dem alten Muster des Nägelkauens zu tun haben.

Immer dann, wenn deine Hand in der neuen Position ist, kann sie eine neue, positive Bewegung ausführen. Schnippen, klatschen, streicheln, greifen – was auch immer sich richtig anfühlt. Jede dieser Bewegungen eröffnet dir neue Möglichkeiten, und mit jedem Mal wird dir auf jeder Ebene deines Selbst ... bewusst, dass du andere Wege hast, dich zu bewegen, zu handeln und zu fühlen.

Mit jedem Tag werden deine Fingernägel stärker und sie heilen. Es ist wahr, du kannst etwas verändern! Mit jeder Hypnose entsteht mehr und mehr ein schützendes, wohltuendes Feld um deine Hände, eine Energie, die dich schützt und in dir wächst – eine Energie, die dich von innen und außen umhüllt, wo auch immer du sie gerade brauchst.

Führe die neue Bewegung auch in deinem Alltag aus. Dein Unterbewusstsein lernt, nimmt diese neue Erfahrung auf und integriert sie in dein tägliches Leben, sodass du dich bald ganz natürlich anders verhältst.

Du hast jetzt die Möglichkeit, all die neuen Eindrücke und Bewegungen, die du in dieser Hypnose entdeckt hast, ganz in deinem Tempo zu verinnerlichen. Dein Unterbewusstsein hat bereits begonnen, all das Neue und Positive zu speichern, und es wird dich von nun an in deinem Alltag begleiten. Du wirst feststellen, wie leicht und mühelos du die neuen Bewegungen anwenden kannst, wie sie Teil deines natürlichen Verhaltens werden.

Langsam kannst du dich darauf vorbereiten, wieder zurückzukehren, zurück ins Hier und Jetzt. Nimm ein paar tiefere Atemzüge. Jeder Atemzug bringt wieder mehr Energie in deinen Körper und du wirst wacher. Bewege sanft deine Finger und Hände ... dann deine Arme und Beine ... strecke dich, wenn du möchtest, und bring deinen Körper langsam wieder in Bewegung.

Mit jedem Atemzug kommst du mehr und mehr in die Gegenwart zurück und wirst wacher und präsenter. Wenn du bereit bist, öffne deine Augen, recke und strecke dich noch einmal und komme ganz zurück in deinen Raum.

Reflektiere:

- Wie hat es sich angefühlt, die Bewegung bewusst zu unterbrechen?

- Was hat sich mit der neuen, perfekten Position deiner Hand verändert?

- Gab es Momente der Erleichterung, Freude oder des Stolzes?

- Welche neuen Bewegungen hast du dir für deine Hände vorgestellt?

....

....

....

....

....

....

....

....

....

....

....

....

Das Nägelkauen ist oft eine tief verwurzelte Angewohnheit, die mehr als nur Willenskraft erfordert, um sie zu überwinden. In diesem Kapitel haben wir uns der Selbstbeobachtung gewidmet, und du hast deine erste Hypnose erlebt. Glückwunsch, das ist ein wichtiger Schritt, um die emotionalen Bedürfnisse und die damit verbundenen unbewussten Muster zu verstehen. Im nächsten Kapitel geht es darum, klare und realistische Ziele zu setzen.

3. Reflexion und Selbstbeobachtung

In diesem Kapitel geht es darum, deine persönlichen unbewussten Muster sichtbar und bewusst zu machen. Dazu dienen dir Fragen zu den Momenten und Situationen, in denen du üblicherweise an den Fingernägeln kaust. Es ist auch das erste Kapitel von allen weiteren in diesem Buch, das am Ende eine zum Thema passende Hypnose beinhaltet. Beobachte dich dafür auch genau in den nächsten Tagen und korrigiere deine Antworten gegebenenfalls. Die bewusste Wahrnehmung deiner bisher teilweise oder vollständig unbewussten Verhaltensweisen kann dir den Ursprung und die Bedeutung des Fingernägelkauens besser verdeutlichen. Dies kann dir auch helfen, herauszufinden, welchen Nutzen es heute für dich hat und wie du diesen Nutzen für dich in eine positive Richtung umleiten und neu definieren kannst.

3.1. Sich selbst beobachten

Ich höre in der Praxis häufig Sätze wie diese:

> *„Meine Hände bewegen sich automatisch zum Mund",*

> *„Es passiert einfach"*

> *„Ich merke es nicht einmal"*

Diese typische Aussagen werden bald für dich Geschichte sein. Vielleicht kennst du das auch von dir und wirst wahrscheinlich nicht immer gleich merken, dass du an den Nägeln knabberst, merkst es danach oder wirst von Familie oder Freunden daran erinnert oder sogar dazu ermahnt, damit aufzuhören.

Es ist daher wichtig, dass du dir für die Beantwortung der folgenden Fragen Zeit nimmst. Nimm die Fragen gerne zu einem späteren Zeitpunkt erneut zur Hand, wenn du die Antwort nicht gleich findest. Das ist völlig in Ordnung und sogar erwünscht. Durch die wiederholte Auseinandersetzung kannst du nach und nach deine Antworten finden.

Versuche einmal beim Beantworten der Fragen, die Augen zu schließen. Für viele Menschen ist es dann einfacher, sich auf ihre innere Welt zu konzentrieren, weil es dann weniger Ablenkung im Außen gibt. Wenn deine Aufmerksamkeit so nach innen gerichtet ist, kannst du dich vollständig auf deine bewussten und unbewussten Wahrnehmungen und inneren Prozesse konzentrieren. Möglicherweise hast du bereits bemerkt, dass du auf diese Weise intuitiv leichter zu passenden Antworten kommst und dich besser mit dir verbinden kannst. Mit den folgenden Fragen kannst du herausfinden, wie du bisher den Kreislauf des Nägelkauens aufrechterhalten hast.

Reflektiere:

- Wie oft wandern deine Finger am Tag zum Mund? Was fällt dir bei deinem Verhalten auf?

- In welchen Momenten ist es „kritisch" für dich, nicht an den Fingernägeln zu kauen?

- Wann fällt es dir leichter, die Hände und Fingernägel in Ruhe zu lassen?

- Wie hat das Nägelkauen bisher deine Beziehungen oder dein berufliches Leben beeinflusst?

- Welche Veränderungen erwartest du, wenn du diese Gewohnheit überwindest?

- Wie wird sich dein Leben verändern, wenn du nicht mehr an den Nägeln kaust und welche neuen Möglichkeiten eröffnen sich dir dadurch?

Selbstbeobachtung ist ein wichtiger Schritt, um mehr über dich und dein Verhalten zu erfahren. Wenn du dir und deinem Verhalten bewusster wirst, kannst du unbewusste Handlungen wie das Nägelkauen bewusst bemerken. Du kannst es dann unterbrechen und mehr Kontrolle über dein Verhalten gewinnen, weil du die Gründe für das Nägelkauen erkennen und Strategien entwickeln wirst. Auf diese Weise beendest du diesen Kreislauf und wirst eine andere Richtung einschlagen. Dadurch nimmst du beide Seiten deines Selbst in den Blick und im Veränderungsprozess mit, auch die Seite, die bisher noch an der alten Gewohnheit festgehalten hat.

3.2. Selbsttest: Auslöser deines Nägelkauens

Dieser ausführliche Selbsttest ist darauf ausgelegt, die Gründe und Auslöser deines Nägelkauens zu erfahren. Es ist ein wichtiger Schritt, um herauszufinden, welche Emotionen und Situationen beim Nägelkauen eine Rolle spielen und wie stark es in deinem Alltag verwurzelt ist.

Teil 1: Situative Auslöser

Wie oft kaust du bei Stress an deinen Nägeln?

- ☐ Nie
- ☐ Selten
- ☐ Manchmal
- ☐ Oft
- ☐ Immer

Gibt es bestimmte Situationen, in denen du besonders gestresst bist und anfängst, an deinen Nägeln zu kauen?

- ☐ Ja, bei der Arbeit
- ☐ Ja, in sozialen Situationen
- ☐ Ja, bei Konflikten
- ☐ Ja, bei Termindruck
- ☐ Andere:

Kaust du an deinen Nägeln, wenn du dich langweilst oder nichts zu tun hast?

☐ Nie

☐ Selten

☐ Manchmal

☐ Oft

☐ Immer

In welchen Momenten merkst du, dass Langeweile dein Nägelkauen auslöst?

☐ Beim Fernsehen

☐ Beim Warten auf etwas

☐ Beim Lesen

☐ Andere:

Welche Emotionen führen bei dir am häufigsten zum Nägelkauen?

☐ Angst

☐ Wut

☐ Traurigkeit

☐ Nervosität

☐ Freude

☐ Andere:

Wie oft kaust du an deinen Nägeln, ohne es wirklich zu merken?

☐ Nie

☐ Selten

☐ Manchmal

☐ Oft

☐ Immer

Gibt es bestimmte Zeiten oder Orte, an denen du automatisch an deinen Nägeln kaust?

☐ Während der Arbeit

☐ Zu Hause

☐ Beim Autofahren

☐ Andere:

Teil 2: Emotionale Bewertung

Fühlst du dich schuldig oder schämst du dich, nachdem du an deinen Nägeln gekaut hast?

☐ Nie

☐ Selten

☐ Manchmal

☐ Oft

☐ Immer

Wie beeinflusst das Stimmung und Selbstwertgefühl?

☐ Ich fühle mich schlecht und ärgere mich über mich selbst.

☐ Ich versuche, das Nägelkauen zu verstecken.

☐ Es belastet meine Beziehungen zu anderen.

☐ Andere:

Hat das Nägelkauen Auswirkungen auf dein Selbstbewusstsein bei der Arbeit?

☐ Nein, ich fühle mich sicher.

☐ Manchmal, aber es beeinträchtigt mich nicht stark.

☐ Ja, es macht mich unsicher in beruflichen Situationen.

☐ Ja, ich versuche, meine Hände zu verstecken.

Glaubst du, dass das Nägelkauen deine beruflichen Chancen beeinflusst?

☐ Nein

☐ Vielleicht

☐ Ja, ich denke, es beeinträchtigt meine Karriere

Teil 3: Physische Auswirkungen

Wie stark sind deine Nägel und deine Nagelhaut durch das Nägelkauen geschädigt?

☐ Gar nicht

☐ Leichte Schäden (z. B. kleine Risse)

☐ Moderate Schäden (z. B. abgebrochene Nägel, eingerissene Haut)

☐ Schwere Schäden (z. B. blutende Stellen bis Entzündungen)

Hast du Schmerzen oder Beschwerden durch das Nägelkauen?

☐ Nie

☐ Selten

☐ Manchmal

☐ Oft

☐ Immer

Machst du dir Sorgen über die gesundheitlichen Folgen des Nägelkauens (z. B. Infektionen)?

☐ Nein, ich denke nicht darüber nach.

☐ Manchmal, aber es beeinflusst mich nicht.

☐ Ja, ich habe Bedenken und möchte etwas ändern.

Teil 4: Veränderungsbereitschaft

Wie stark ist dein Wunsch, das Nägelkauen zu überwinden?

☐ Sehr gering

☐ Gering

☐ Mittel

☐ Stark

☐ Sehr stark

Was sind deine Hauptgründe, das Nägelkauen aufzugeben?

☐ Ästhetik und Aussehen

☐ Gesundheitliche Bedenken

☐ Berufliche Gründe

☐ Soziale Gründe (z. B. Beziehungen)

☐ Andere:

Bist du bereit, Zeit und Mühe zu investieren, um das Nägelkauen zu stoppen?

☐ Nein, ich bin noch nicht bereit.

☐ Vielleicht, aber ich bin unsicher.

☐ Ja, ich bin bereit und motiviert.

Wie viel Zeit möchtest du täglich investieren, um an dieser Veränderung zu arbeiten?

- ☐ 5–10 Minuten
- ☐ 10–20 Minuten
- ☐ 20–30 Minuten
- ☐ Mehr als 30 Minuten

Toll, du hast bis zum Ende des Tests durchgehalten! Nimm dir jetzt Zeit, um deine persönlichen Gedanken festzuhalten und deine Erkenntnisse zu reflektieren.

3.3. Auswertung des Selbsttests

Die folgende Auswertung hilft dir, gezielte Maßnahmen zu ergreifen und deinen individuellen Weg zu gehen.

Situative Auslöser:

→ Häufigkeit des Nägelkauens in Stresssituationen

Wenn du angekreuzt hast, dass du oft oder immer in stressigen Momenten an deinen Nägeln kaust, zeigt dies, dass Stress ein zentraler Auslöser für dein Verhalten ist. Du solltest gezielt an Stressbewältigungsstrategien arbeiten, um diesen Trigger zu minimieren.

→ Langeweile als Auslöser

Wenn du während Momenten der Langeweile häufig zum Nägelkauen greifst, deutet dies auf eine unbewusste Gewohnheit hin. Hier könnten neue Hobbys oder kleine, achtsame Tätigkeiten helfen, die Lücke zu füllen.

→ Emotionale Auslöser

Hast du festgestellt, dass bestimmte Emotionen wie Angst oder Nervosität dein Nägelkauen verstärken? Dann ist es wichtig, diese Emotionen bewusst zu erkennen und zu lernen, wie du sie anders bewältigen kannst. Übungen zur Emotionsregulation oder auch Achtsamkeitsübungen, wie sie später im Buch vorgestellt werden, können hier sehr hilfreich sein.

→ Automatisches Nägelkauen

Wenn du oft unbewusst kaust, ist dies ein Zeichen dafür, dass das Verhalten tief in deinem Alltag verwurzelt ist. Es könnte hier ebenfalls sinnvoll sein, im nächsten Schritt gezielte Achtsamkeits- und Hypnoseübungen regelmäßig zu nutzen, um dieses unbewusste Verhalten zu unterbrechen.

Emotionale Bewertung

→ Scham und Schuldgefühle

Wenn du dich oft schuldig fühlst oder dich für das Nägelkauen schämst, ist es wichtig, diesen negativen Gefühlen entgegenzuwirken. Hierbei hilft es, Mitgefühl mit dir zu entwickeln und das Verständnis, dass du auf einem Weg der Veränderung bist. Diese Erkenntnis ist ein erster wichtiger Schritt, um das Nägelkauen nicht nur als lästige Gewohnheit, sondern als Herausforderung zu betrachten, die du mit Unterstützung überwinden kannst.

→ Selbstbewusstsein im Beruf

Solltest du im beruflichen Kontext besonders unter dem Nägelkauen leiden, kann dies ein wichtiger Indikator dafür sein, dass du dich hier besonders verletzlich fühlst. Hier könnten spezielle Hypnoseübungen, die auf öffentliche Situationen abgestimmt sind, sehr nützlich sein.

Physische Auswirkungen

→ Schäden an Nägeln und Haut

Wenn deine Nägel und die umgebende Haut stark beschädigt sind, zeigt dies, dass das Nägelkauen bereits deutliche Spuren hinterlassen hat. Dies kann eine starke Motivation sein, um dieses Verhalten gezielt zu ändern. Es wäre sinnvoll, parallel zu den Hypnoseübungen, deine Nägel und die Haut mithilfe von Pflege zu regenerieren.

→ Gesundheitliche Bedenken

Wenn du dir Sorgen über die gesundheitlichen Folgen machst, ist dies ein weiterer Anreiz, das Nägelkauen zu beenden. Die Kombination aus Hypnose, Stressbewältigung und gezielter Pflege kann hier langfristig helfen.

Veränderungsbereitschaft

→ Motivation zur Veränderung

Wenn deine Motivation hoch ist, bist du bestens vorbereitet, um die Methoden und Übungen in diesem Buch erfolgreich anzuwenden. Solltest du noch Unsicherheiten verspüren, nimm dir Zeit, dir vor Augen zu führen, warum du diese Veränderung möchtest. Zu den Zielen kommen wir im nächsten Kapitel.

→ Selbstverpflichtung

Die Bereitschaft, Zeit und Energie in den Prozess zu investieren, ist entscheidend für den Erfolg. Falls du noch Zweifel hast, ob du diesen Aufwand betreiben kannst, nutze ebenfalls das Kapitel über die Ziele, die zu deinem Lebensstil passen.

3.4. Hypnose: Entscheidung treffen

Diese Hypnose wird dir helfen, eine bewusste Entscheidung zu treffen. Du wirst lernen, Momente zu erkennen, in denen deine Hände zum Mund wandern wollen. In einem inneren Raum von Ruhe und Klarheit hast du die Wahl zwischen altem, unbewusstem Verhalten und deiner neuen, bewussten Entscheidung. Durch diese Hypnose stärkst du deine Fähigkeit, bewusst zu handeln und die Kontrolle über dein Verhalten zu erlangen.

> **▲ HINWEIS:**
>
> Ich möchte an dieser Stelle noch mal an die Tipps zur Durchführung der Hypnose erinnern. Du findest sie in der Einleitung. Lies die Hinweise erneut vor der Hypnose durch, vor allem dann, wenn du noch keine oder wenig Erfahrung mit Hypnose gemacht hast.

Hypnose:
Nutze den Moment, dich bewusst zu ent-
scheiden

Beginne damit, dir einen Platz zu suchen, an dem du dich wohlfühlen und entspannen kannst. Vielleicht möchtest du die Augen schließen und einfach wahrnehmen, wie sich dein Körper in diesem Moment anfühlt ... Erlaube dir, die Atmung zu spüren, und stell dir vor, wie sich alle Bereiche in deinem Körper mit jedem Atemzug ein wenig mehr entspannen. Spüre, wie die Anspannung oder Last des Tages langsam abfällt ... Nimm dir einen Moment Zeit, um diese Ruhe in deinem ganzen Körper wahrzunehmen, und spüre, wie die Gedanken beginnen, ruhiger zu werden.

Es könnte sein, dass du bemerkst, dass du tiefer in deine Unterlage hineinsinkst ... Komme ganz in dem Moment an und mach dich bereit für deine Reise.
Stell dir nun einmal einen Ort vor, der dir ein Gefühl von Sicherheit und Geborgenheit gibt ...

Nimm dir die Zeit, ihn genau zu betrachten ... Fühle die Ruhe, die dieser Ort ausstrahlt. Es mag ein Ort sein, den du schon lange kennst, oder ein Ort, den du jetzt gerade erschaffst. Real oder ganz in deiner Fantasie. Sinke tiefer hinein und komme immer mehr dort an. Sieh dich um und vielleicht bemerkst du, wie ruhig und friedlich es hier ist. Alles hier ist darauf ausgerichtet, dir die Möglichkeit zu geben, einfach zu sein, ohne etwas tun oder verändern zu müssen. In dieser angenehmen Atmosphäre kannst du beginnen, mehr über dich selbst zu erfahren, vielleicht auf eine Weise, die neu für dich ist, oder auf eine Weise, die dir vertraut erscheint ... Mach dir nun bewusst, weshalb du hier bist und was dich dazu bewegt hat, diese Hypnose zu machen. Wie ein stiller Beobachter kannst du einmal in die vergangenen Tage oder Wochen schauen. Wie war dein Verhalten in der Zeit? Vielleicht gibt es Momente, in denen du bemerkt hast, dass deine Finger zum Mund gewandert sind, fast wie von selbst. Such dir eine Situation aus, an die du dich auch gerade gut erinnern kannst, und beobachte dich in diesem Moment von außen. Welche Gedanken oder Gefühle waren in diesen Momenten präsent? Wie ging es dir in der Situation? Vielleicht ist es interessant zu sehen, ob es bestimmte Muster oder Trigger gab, die immer wieder da waren, oder ob es Unterschiede gibt, die dir vorher nicht bewusst waren?

Betrachte dich von außen. Wie du da sitzt oder gehst, vielleicht sogar unbeobachtet fühlst, und schau, was du machst. Ich lade dich ein, Mitgefühl mit dir zu entwickeln – Mitgefühl dafür, dass es bisher nicht einfach war, mit dem Nägelkauen aufzuhören, obwohl du es womöglich sicher wolltest. Du kannst verstehen, dass du auf einem Weg der Veränderung bist. Erlaube dir, die Herausforderungen anzuerkennen, die du erlebt hast, und gleichzeitig die Hoffnung zu spüren, dass es dieses Mal anders sein kann. Denn du hast die Fähigkeit, neue Wege zu finden, die dir guttun und dich unterstützen.

Stell dir vor, wie du in zukünftigen Situationen eine andere Wahl triffst ... eine Wahl, die dir mehr Freiheit und

Gelassenheit schenkt. Vielleicht siehst du dich selbst, wie du in einer ähnlichen Situation bist, und dieses Mal spürst du, dass du die Kontrolle hast. Du spürst, dass du es selbst bist, der entscheidet, und wie du merkst, wie ruhig deine Hände bleiben und wie klar deine Gedanken sind. Vielleicht gibt es sogar ein Gefühl von Leichtigkeit, und du weißt einfach, dass du in diesem Moment eine andere Entscheidung triffst, eine, die dir guttut. Genieße diesen Anblick und freue dich auf das Neue, was jetzt kommt.

Und wenn du bereit bist, diese Reise langsam zu beenden, kannst du beginnen, deine Aufmerksamkeit wieder auf den Raum um dich herum zu lenken. Nimm noch einen tiefen Atemzug und dabei das Gefühl von Klarheit, Mitgefühl und Ruhe tief in dir mit. Bewege deine Finger und Zehen leicht ... spüre, wie du nach und nach wieder vollständig im Hier und Jetzt ankommst. Öffne deine Augen wieder und komme mit der Erfahrung, dass du ein wenig mehr über dich selbst erfahren hast, wieder im Raum an.

Nimm das Gefühl von Gelassenheit, Mitgefühl und Hoffnung in den Tag oder die Nacht mit, bereit, diese wertvolle Erfahrung in deinem Leben zu nutzen.

Reflektiere:

- Welche Momente hast du während der Hypnose wahrgenommen, in denen du bewusst eine Entscheidung treffen konntest, statt unbewusst zu handeln?

- Gab es Situationen, in denen du normalerweise an deinen Nägeln kaust? Wie hast du dich gefühlt, als du bewusst eine andere Wahl getroffen hast?

- Welche neuen Möglichkeiten hast du entdeckt, um in stressigen oder herausfordernden Momenten eine bewusste Entscheidung zu treffen und das Nägelkauen zu vermeiden?

- Gibt es bestimmte Situationen oder Gefühle, bei denen du noch stärker darauf achten möchtest, bewusst zu entscheiden, um dein Verhalten zu verändern?

Mit den Ergebnissen aus deinem Selbsttest hast du nun eine solide Grundlage, um gezielt an den Bereichen zu arbeiten, die für dich besonders relevant sind. Im nächsten Kapitel ist es an der Zeit, deine Ziele zu setzen.

4.   Ziele setzen

Nachdem du nun ein klares Bild von den Auslösern und Mustern deines Nägelkauens hast, wirst du nun Ziele konkret formulieren, die dich schönen und gepflegten Fingernägeln näherbringen. Wir arbeiten dabei mit der bewährten SMART-Methode.

Was sind SMART-Ziele?

SMART steht für

→ Spezifisch:

Dein Ziel sollte klar und eindeutig sein. Es reicht nicht aus, zu sagen, „Ich möchte aufhören, an meinen Nägeln zu kauen". Ein spezifisches Ziel wäre beispielsweise: „Ich will innerhalb der nächsten 30 Tage das Nägelkauen in stressigen Situationen vermeiden."

→ Messbar:

Ein Ziel muss messbar sein, damit du deinen Fortschritt verfolgen kannst. Anstatt „Ich will weniger kauen" könntest du dir vornehmen, „Ich will es schaffen, an mindestens 25 von 30 Tagen nicht an meinen Nägeln zu kauen".

→ Attraktiv:

Dein Ziel sollte für dich attraktiv und lohnenswert sein. Frage dich: Warum ist es wichtig, dieses Ziel zu erreichen? Vielleicht möchtest du endlich mit schönen Händen ins nächste Bewerbungsgespräch gehen, ein Vorbild für dein Kind sein oder dich einfach wohler Haut fühlen.

→ Realistisch:

Setze dir Ziele, die erreichbar sind. Wenn du dir zu hohe Ziele setzt, kann dies schnell zur Frustration führen. Statt

> *„Ich werde nie wieder an meinen Nägeln kauen"*

könntest du sagen:

> *„Ich werde in den nächsten zwei Wochen an höchstens drei Tagen schwach werden."*

→ Terminiert:

Setze dir einen konkreten Zeitrahmen, um dein Ziel zu erreichen.

> *„Bis zum Ende des Monats möchte ich mindestens 20 Tage geschafft haben, ohne an meinen Nägeln zu kauen."*

Nimm dir jetzt einen Moment Zeit, um über deine Ziele nachzudenken. Im Folgenden findest du eine Schritt-für-Schritt-Anleitung, wie du deine eigenen SMART-Ziele definieren kannst.

4.1. Haupt- und Teilziele

Was möchtest du in Bezug auf das Nägelkauen erreichen? Schreibe dein Hauptziel auf. Denke daran, es so spezifisch wie möglich zu formulieren.

Zum Beispiel:

> *„Ich möchte mit dem Nägelkauen aufhören, um in beruflichen Situationen selbstbewusster auftreten zu können."*

Große Ziele wirken oft überwältigend. Indem du sie in kleinere, handhabbare Teilziele zerlegst, machst du den Weg dorthin überschaubarer.

Du könntest dir auf dem Weg zu deinem Ziel kleinere und leichter erreichbare Zwischenziele setzen und beispielsweise in den ersten beiden Wochen zunächst lernen, den Drang zu erkennen, und einmal pro Woche eine Hypnose durchführen.

In der dritten Woche könntest du dann an drei Tagen pro Woche den Drang nicht nur erkennen, sondern aktiv das Muster unterbrechen. Nach erfolgreichem Abschluss der dritten Woche wirst du dir eine Belohnung gönnen, die du dir jetzt schon überlegen kannst.

4.2. SMART-Ziele formulieren

Nun prüfe, ob dein Hauptziel und deine Teilziele smart sind. Das schriftliche Festhalten deiner Ziele erhöht die Wahrscheinlichkeit, dass du sie erreichst. Durch sie bleibst du auch motiviert und kannst dich leichter auf das konzentrieren, was du erreichen möchtest. Bevor du dein Ziel und deine Zwischenziele formulierst, kann es hilfreich sein, zunächst die Hypnose zum Thema Ziele am Ende dieses Kapitels durchzuführen. Durch die Trance kannst du mithilfe deines Unterbewusstseins die folgenden Fragen vielleicht leichter beantworten.

Hier sind weitere Beispiele, wie deine Formulierungen aussehen könnten:

- „Ich will in den nächsten 30 Tagen das Nägelkauen auf maximal zwei stressige Situationen pro Woche reduzieren."

- „Ich werde meine Fortschritte täglich in das Übungstagebuch in diesem Buch aufschreiben."

- „Ich möchte in Meetings selbstbewusst auftreten und nicht mehr das Gefühl haben, meine Hände verstecken zu müssen."

- „Es ist okay, wenn ich in den ersten zwei Wochen noch nicht perfekt bin. Mein Ziel ist es, in einem Monat deutliche Fortschritte zu sehen."

- „Bis zum 1. des nächsten Monats möchte ich eine Woche ohne Nägelkauen schaffen."

Mein Hauptziel:

Meine Teilziele:

Reflektiere:

- Ist das Ziel klar und präzise formuliert? (Spezifisch)

- Kann ich meinen Fortschritt und das Erreichen meines Ziels messen? (Messbar)

- Ist mein Ziel für mich persönlich wichtig und lohnenswert? (Attraktiv)

- Ist mein Ziel erreichbar, ohne dass es zu Überforderung führt? (Realistisch)

- Habe ich einen klaren Zeitrahmen für mein Ziel gesetzt? (Terminiert)

4.3. Hypnose: Schöne und gepflegte Nägel

Diese Hypnose ermöglicht es dir, den Weg zu schönen und gepflegten Nägeln mit Entschlossenheit zu gehen. Du wirst lernen, wie du in herausfordernden Momenten ruhig und selbstbewusst bleibst, ohne den Drang zu verspüren, an deinen Nägeln zu kauen. Diese Hypnose wird dir helfen, innerlich stärker zu werden und deinen Weg zu gesunden, gepflegten Händen klar vor Augen zu sehen. Du wirst dich tief entspannen und dich auf die Schritte konzentrieren, die dich deinem Ziel näherbringen. Wenn du bereits Ziele formuliert und aufgeschrieben hast, kannst du sie bereitlegen und bei Bedarf während der Hypnose ablesen.

Hypnose:
Fokussiere dich auf deine Ziele

Nimm dir jetzt Zeit, um zur Ruhe zu kommen. Finde einen bequemen Platz, an dem du dich ungestört entspannen kannst. Setze dich hin oder lege dich hin, spüre die Verbindung zum Boden und schließe deine Augen, wenn du das möchtest. Nimm nun deine Atmung bewusst wahr. Atme tief ein ... und langsam wieder aus. Spüre, wie jeder Atemzug dich ruhiger werden lässt ... dein Körper kann dabei schwerer werden ... deine Gedanken können leichter werden. Alles um dich herum scheint in eine friedliche Stille einzutauchen ... der Raum um dich herum scheint immer mehr zu entrücken. Du bist genau hier, in diesem Moment richtig ... du bist bereit, dich auf deine inneren Ziele und das, was dir wirklich wichtig ist, zu fokussieren.

Halte hier einen Moment inne ... und erlaube dir, über deine Ziele nachzudenken ... nicht irgendein Ziel, sondern das Ziel, das dir wirklich am Herzen liegt. Vielleicht möchtest du, dass deine Nägel gesund und gepflegt sind ... dass du in stressigen Situationen ruhig und souverän bleibst ... oder dass du das Nägelkauen endgültig überwindest. Was auch immer dein Ziel ist, stell es dir jetzt klar vor.

Erinnere dich nun an dein smartes Hauptziel ... spezifisch, messbar, attraktiv, realistisch und terminiert soll es sein. Formuliere nun dein spezifisches Ziel, klar und präzise. Vielleicht sagst du dir: „Ich möchte innerhalb der nächsten 30 Tage das Nägelkauen in stressigen Situationen vermeiden." Formuliere dieses Ziel in deinen Worten ... sieh dieses Ziel vor deinem inneren Auge, wie es in klaren, deutlichen Buchstaben geschrieben steht. Wenn du dich nicht an deine Aufschriebe erinnerst, öffne deine Augen und nimm sie zur Hand, um sie abzulesen. Es ist spezifisch und greifbar, nicht vage, sondern konkret und direkt.

Nun darfst du dieses Ziel messbar machen. Wie wirst du deinen Fortschritt verfolgen? Vielleicht siehst du vor deinem inneren Auge einen Kalender, in dem du jeden Tag markierst, an dem du es geschafft hast, nicht an deinen Nägeln zu kauen. Du spürst die Freude und den Stolz, wenn du jeden Tag siehst, wie du deinem Ziel näherkommst. Dein Fortschritt ist klar und sichtbar ... deine

Hände und Fingernägel sind der tägliche Beweis dafür und sie motivieren dich, weiterzumachen.

Als Nächstes denke darüber nach, warum dieses Ziel für dich attraktiv ist. Was wird sich in deinem Leben ändern, wenn du dieses Ziel erreichst? Vielleicht siehst du dich selbst in einem beruflichen Meeting, wie du sicher und selbstbewusst deine Hände zeigst, ohne sie verstecken zu wollen. Oder vielleicht spürst du das Glück, das du empfindest, wenn du deine gepflegten, gesunden Nägel siehst. Lass dieses Gefühl tief in dir wirken und dich motivieren, weiterzugehen.

Überlege jetzt, wie realistisch dein Ziel ist. Damit dein Ziel erreichbar ist, ohne dich zu überfordern, setzt du nun Teilziele. Teilziele sind wie Zwischenschritte, die leicht zu erreichen sind und die dich mit jedem Schritt deinem Ziel näher bringen. Spüre die Erleichterung, die dir die Zwischenziele geben, weil du sie leicht erreichen kannst. Sie lassen dir genug Raum, um zu wachsen und von dir zu lernen.

Schließlich darfst du dieses Ziel terminieren. Setze dir einen klaren Zeitrahmen, in dem du dieses Ziel erreichen möchtest. Sieh dir den Kalender noch einmal an und markiere den Tag, an dem du dein Ziel erreichen möchtest. Es ist ein konkretes Datum, und es gibt dir Orientierung und Fokus. Du weißt, dass du bis zu diesem Datum auf dem Weg bleiben wirst, und du spürst die Entschlossenheit in dir wachsen.

Nun, da du dein Ziel klar vor Augen hast, visualisiere, wie du dieses Ziel erreicht hast. Vielleicht siehst du dich selbst in einer beruflichen oder sozialen Situation vollkommen ruhig und selbstbewusst. Deine Hände sind entspannt, deine Nägel gepflegt, gesund und stark. Du spürst, wie gut es sich anfühlt, diesen Fortschritt erreicht zu haben ... wie dein Selbstvertrauen mit jedem Tag gewachsen ist. Visualisiere klar vor deinem inneren Auge, wie du die kleinen Schritte gehst, die dich zu deinem großen Ziel führen. Du siehst dich und wie der Drang, an den Nägeln zu kauen, immer mehr der Vergangenheit angehört. Deine Hände bleiben entspannt, deine Gedanken klar. Jeder kleine Schritt bringt dich näher zu deinem Ziel, und du wirst stärker und entschlossener.

Wenn du bereit bist, langsam aus der Hypnose zurückzukehren, atme einmal tief ein. Der nächste tiefe Atemzug erfrischt dich und gibt dir neue Energie. Atme dann langsam wieder aus und erneut tief ein, noch erfrischter. Bewege sanft deine Finger und Zehen, nimm den Boden unter dir wahr und kehre mit jedem Atemzug mehr und mehr ins Hier und Jetzt zurück. Du fühlst dich gestärkt und bereit, deine Ziele mit Ruhe und Entschlossenheit anzugehen. Öffne langsam deine Augen und nimm die Welt um dich herum wieder bewusst wahr. Du bist bereit, das Nägelkauen zu überwinden und deine Nägel gepflegt und gesund zu halten.

Reflektiere:

- Welche Bilder oder Gedanken haben dir besonders geholfen, dich auf dein Ziel zu konzentrieren?

- Gab es Momente, in denen du dich besonders stark gefühlt hast? Welche waren das?

- Kannst du dir vorstellen, die während der Hypnose erlebte Ruhe und Entschlossenheit auch in realen stressigen Situationen zu nutzen? Wie könntest du das umsetzen?

- Welche kleinen Schritte hast du in der Hypnose visualisiert, um dein Ziel zu erreichen, und wie planst du, diese in deinem Alltag umzusetzen?

Du hast gelernt, wie du die SMART-Methode nutzt, um dich mental auf den Erfolg auszurichten. Jetzt, wo du deine Ziele klar vor Augen hast, wirst du im nächsten Kapitel Rituale und Anker kennenlernen, die deine Ziele stabil und positiv in deinen Alltag integrieren.

5. Rituale und Anker

Rituale und Anker erleichtern es, in Trance zu gehen. Sie sind besonders wertvoll, weil mit ihnen der Einstieg in die Hypnose einfacher ist und du schneller den gewünschten Trancezustand erreichen kannst. Rituale und Anker bringen eine gewisse Routine in deine Hypnoseübungen und machen sie auf diese Weise effektiver.

5.1. Dein persönliches Hypnose-Ritual

Ein Ritual ist eine wiederkehrende Handlung, die du jedes Mal durchführst, bevor du mit einer Hypnose beginnst. Es kann einfach oder komplex sein, je nachdem, was für dich am besten funktioniert. Der Schlüssel ist Konsistenz – je häufiger du dein Ritual durchführst, desto stärker wird es wirken und desto leichter wird es dir fallen, das Nägelkauen zu überwinden.

Warum sind Rituale wichtig?

Rituale helfen deinem Gehirn, sich auf eine bestimmte Erfahrung vorzubereiten. Sie wirken wie ein mentaler Anker. Er signalisiert: Jetzt beginn die Hypnose. Unser Gehirn liebt Muster und Verknüpfungen. Wenn du vor jeder Hypnose ein bestimmtes Ritual durchführst, wird es bald automatisch mit Entspannung, Fokus und Veränderung verbunden. Langfristig reicht es oft schon, das Ritual zu starten, um direkt in eine tiefere Trance zu gleiten.

Beispiele für Rituale können folgende sein:

→ Atemübungen:

Nimm dir etwa 2–3 Minuten Zeit, um tief durch die Nase ein- und durch den Mund auszuatmen. Schließe dabei die Augen und konzentriere dich auf deine Atmung. Diese Übung hilft dir auch ohne eine anschließende Hypnose, dich zu zentrieren, Spannungen loszulassen und den Drang, an den Nägeln zu kauen, zu reduzieren.

→ Meditation:

Verbringe 5 Minuten in stiller Meditation. Setze dich bequem hin, schließe die Augen und konzentriere dich auf einen Punkt in deinem Körper, etwa dein Herz oder deinen Bauch. Diese Konzentration nach innen kann ebenfalls Teil einer Hypnose sein, aber auch zwischendurch am Tag angewendet werden, um Stress oder Anspannung zu überwinden.

→ Visualisierung:

Stell dir vor, dass du schöne Hände mit gepflegten, gesunden Nägeln hast. Visualisiere, wie stolz du auf deine schönen Nägel bist und wie gut sie sich anfühlen. Dies kannst du ebenfalls in einer Hypnose nutzen, um sie zu verstärken, ebenso ohne Hypnose.

Wähle ein oder mehrere der oben genannten Beispiele aus, die dich am meisten ansprechen, oder entwickle dein eigenes Ritual. Achte darauf, dass es einfach genug ist, um es regelmäßig durchzuführen, und stark genug, um dich zu entspannen. Überlege dir nun ein für dich passendes Hypnose-Ritual und schreibe es hier auf.

Mein Hypnose-Ritual:

....

....

....

5.2. Mentale Anker in der Hypnose

Ein mentaler Anker ist ein Reiz, der mit einem bestimmten mentalen oder emotionalen Zustand verknüpft wird. Durch das wiederholte Setzen und Verwenden von Ankern kannst du lernen, gewünschte Zustände wie Ruhe, Selbstbewusstsein oder Entspannung schnell und gezielt zu aktivieren – und damit auch den Drang, an den Nägeln zu kauen, schon im Kleinen zu beenden.

Beispiele für Anker sind:

→ Berührung:

Lege deine Hand auf dein Herz oder auf einen Punkt am Körper, der sich für dich beruhigend anfühlt. Diese Berührung wird zum Signal für dein Inneres, dass du dich entspannen kannst und der Drang, an den Nägeln zu kauen, nachlassen darf.

→ Geruch:

Wähle einen angenehmen Duft, den du nur in Verbindung mit einer Hypnose verwendest. Das kann ein ätherisches Öl sein, eine bestimmte Creme oder sogar ein duftendes Teelicht. Mit der Zeit wird dieser Duft dich darauf konditionieren, in den Entspannungsmodus zu schalten und das Bedürfnis nach Nägelkauen zu reduzieren. Nutze den Duft dann im Alltag als Hilfsmittel, um dich an dein neues Verhalten zu erinnern.

→ Wort:

Wähle ein Wort, das du leise sagen kannst, bevor du mit der Hypnose beginnst. Das könnte etwas sein wie „Ruhe" oder „Freiheit". Wiederhole dieses Wort, bis du merkst, dass du dich auch innerlich darauf eingestellt hast und das Verlangen nach Nägelkauen nachlässt.

→ Musik als Anker:

Wähle eine beruhigende Musik, die dich entspannt, wie eine sanfte Melodie. Spiele diese Musik leise im Hintergrund. Mit der Zeit wird sie zu deinem Anker, der mit Entspannung verbunden ist. Höre die Musik im Alltag, um das alte Muster zu unterbrechen, ein neues abzurufen und dich an deine Ziele zu erinnern.

→ Gegenstand als Anker:

Wähle einen kleinen Gegenstand, den du immer bei dir tragen kannst, wie einen glatten Stein, einen kleinen Anhänger oder ein Stück weichen Stoff. Halte diesen Gegenstand während deiner Hypnose in der Hand und verbinde ihn zum Beispiel mit einem Gefühl der Ruhe. Wann immer du den Drang verspürst, an deinen Nägeln zu kauen, greife nach diesem Gegenstand und erinnere dich an das Gefühl. Er soll sich gut und angenehm anfühlen und dir später im Alltag helfen, den gewünschten, beispielsweise entspannten Zustand, schnell wiederherzustellen.

Entscheide dich für einen mentalen Anker und setze ihn regelmäßig ein. Schreibe hier auf, welchen Anker du verwenden möchtest und wie du ihn in deiner Hypnose integrieren wirst.

Mein Anker:

....

....

....

So setzt du einen Hypnose-Anker

In der Trance kannst du, wann immer du möchtest, deinen gewählten Anker dabeihaben. Du kannst dir innerlich sagen „Immer wenn ich diese Bewegung mache / diesen Stein in der Hand halte / diese Musik höre, fühle ich mich ruhig und sicher". Je öfter du diesen Prozess wiederholst, desto stärker wird der Anker gefestigt. Im Alltag kannst du ihn nutzen, wenn du den Drang verspürst, an deinen Nägeln zu kauen. Aktiviere ihn dann, um dich sofort an die Trance und dein Ziel zu erinnern.

Nun, da du mit den Grundlagen und der Technik des Ankerns vertraut bist, möchte ich dir praktisch zeigen, wie du deinen Hypnose-Anker in der Hypnose anwendest.

5.3. Hypnose: Stärkender Anker

In dieser Hypnose nutzt du deinen Anker, also bereite alles dafür vor, was du brauchst. Das gilt vor allem dann, wenn dein Anker ein bestimmter Duft sein soll oder eine Musik. Dein Anker hilft dir, dich zügig mit innerer Ruhe und deinem Ziel zu verbinden und den Drang zum Nägelkauen weiter zu reduzieren. Durch die Verbindung deines Ankers mit Atemübung und Visualisierung lernst du, in stressigen Momenten gelassen zu bleiben.

Hypnose:
Unterstütze dich in deiner Selbstkontrolle

Finde einen Ort, an dem du ungestört bist. Setze dich bequem hin. Deine Füße können fest auf dem Boden aufliegen ... Nimm den Boden unter dir wahr. Wie fühlt es sich gerade an, ihn zu spüren? Schließe deine Augen, wenn du das möchtest, und richte deine Aufmerksamkeit nach innen. Nimm dir einen Moment Zeit, um einfach hier zu sein. Atme tief ein ... und langsam wieder aus. Mit jedem Atemzug lässt du alle Anspannung los. Allmählich entspannst du dich und mit jedem Atemzug wird dein Körper schwerer ... und ruhiger ... Spüre, wie auch deine Gedanken ruhiger und langsamer werden. Du bist sicher ... du bist entspannt ... du bist ganz bei dir..

Vielleicht kannst du schon jetzt Ruhe in dir wahrnehmen, wie als einen weiten Raum, der in dir entsteht. Er gibt immer mehr Platz für dich und deine Atmung frei ... für dein ganzes Sein. Mit jedem Atemzug kannst du dich ein wenig mehr von dem befreien, was gerade nicht wichtig ist. Jede Anspannung, jede Sorge, jede Ablenkung entrückt in weite Ferne. Immer schwerer kann dein Körper werden. Immer tiefer kannst du in deine Unterlage sinken ... die Füße fest mit dem Boden verankert. Lass dich tiefer von einer angenehmen Schwere tragen. Alles um dich herum wird unwichtig, und es ist, als könntest du immer weiter eintauchen in deine Innenwelt, wo du es dir einfach gut gehen lassen kannst.

Nun kannst du deinen Anker nutzen. Vielleicht ist es eine Berührung. Dann lege jetzt deine Hand auf dein Herz oder auf eine andere angenehme Stelle. Diese Berührung führt dich noch tiefer in den hypnotischen Zustand ... wie ein vertrauter Pfad, den du gehst und der dich an einen Ort bringt, der nur für dich bestimmt ist. Wenn du einen Gegenstand gewählt hast, spüre ihn in deiner Hand, bei Musik, höre die Melodie und die beruhigenden Töne, bei einem Geruch, rieche den sanften Duft und nimm ihn tief in dir auf. Was immer du gewählt hast, nimm deinen Anker bewusst wahr und beobachte, wie du mit jedem Atemzug tiefer sinkst. Sinke tiefer in einen Zustand, in dem du dich vollkommen entspannt und sicher fühlst.

Stell dir jetzt deine Hände vor. Sie liegen ruhig und entspannt vor dir. Du siehst deine Nägel und spürst, wie du ihnen den Raum und die Zuneigung geben kannst, dass sie heilen können. Allmählich sehen sie gepflegter aus und werden immer gesünder und stärker. Es fühlt sich so gut an, diese Kontrolle über deine Hände und Nägel zu haben. Diese Hände gehören dir, und du entscheidest, wie du sie behandelst und wie du sie pflegst. Vielleicht bist du in diesem Moment einfach zufrieden, weil du dir den Raum schenken kannst, den deine Fingernägel zum gesunden Wachsen brauchen.

Nun möchte ich dich bitten, dir eine Situation vor deinem inneren Auge vorzustellen, die dir sonst Schwierigkeiten bereitet oder dich unruhig werden lässt. Vielleicht ein wichtiges Meeting, eine Präsentation, ein Gespräch mit dem Chef oder ein Mittagessen mit einem Kollegen. Sieh dich selbst in dieser Situation – ruhig, selbstbewusst, gelassen. Du spürst, wie deine Hände ruhig bleiben, entspannt und sicher. Es gibt keinen Drang, an deinen Nägeln zu kauen. Stattdessen spürst du, wie du mit jedem Moment stärker wirst. Du bist vollkommen bei dir, sicher und ausgeglichen.

Genieße diesen entspannten Zustand und sprich leise in Gedanken oder flüstere leise folgende Worte vor dich hin: „Ich bin ruhig und selbstbewusst. Meine Hände sind entspannt, meine Nägel sind gepflegt und gesund. Ich bin stark und ich habe Kraft, mich für das zu entscheiden, was mir wichtig ist." Nimm diese positive Botschaft tief in dir auf. Hier kann sie sich festigen und dir Kraft und Sicherheit geben. Jedes Wort stärkt dich und du wirst immer ruhiger.

Erlaube dir, in diesem friedlichen Moment zu sein und sprich erneut: „Ich bin ruhig und selbstbewusst. Meine Hände sind entspannt, meine Nägel sind gepflegt und gesund. Ich bin stark und ich habe die Kraft, mich für das zu entscheiden, was mir wichtig ist." Die Worte werden immer mehr Teil von dir und reifen zu einer unerschütterlichen Überzeugung, die dich auf deinem Weg unterstützt. Du hast die Fähigkeit, gesunde und gepflegte Fingernägel und Hände zu haben. Du bist stark genug, jede Herausforderung zu meistern, die dir begegnet.

Nun bereite dich darauf vor, wieder langsam aus der Hypnose zurückzukehren. Nimm einen tiefen Atemzug ... und spüre, wie all die guten Gefühle in dir bleiben und du sie mitnimmst. Bewege sanft deine Finger und Zehen, spüre deine Füße und die Verbindung zum Boden unter dir. Mit jedem Atemzug kehrst du mehr und mehr ins Hier und Jetzt zurück. Öffne langsam deine Augen und nimm die Welt um dich herum wieder wahr. Du bist ruhig ... du bist stark ... und bereit, deine Ziele zu erreichen und deine Nägel gepflegt und gesund zu halten.

Reflektiere:

- Was hast du empfunden, als du bewusst den Boden unter deinen Füßen gespürt hast? Hat es dir geholfen, mehr zur Ruhe zu kommen?

- Wie hat sich die Berührung deines Ankers auf dein Gefühl von Sicherheit und Ruhe ausgewirkt?

- Wie war es für dich, dir deine Nägel als gesund und gepflegt vorzustellen? Hat das Bild dir Zuversicht gegeben?

- Wie hast du dich in der vorgestellten Situation erlebt? Konntest du dir vorstellen, ruhig und gelassen zu bleiben?

- Was hast du gefühlt, als du die positiven Sätze in Gedanken wiederholt hast? Hat es dein Selbstbewusstsein gestärkt?

- Welche Ideen hast du, um die Ruhe und Stärke im Alltag zu nutzen?

Führe dein Ritual regelmäßig durch und nutze deinen Anker. Jede kleine neue Gewohnheit, die du etablierst, bringt dich deinem Ziel näher. Im nächsten Kapitel wirst du die Möglichkeit bekommen, deine eigenen Affirmationen zu kreieren und in der Hypnose anzuwenden.

6. Affirmationen

Affirmationen sind Sätze mit einer positiven Aussage. Wenn du sie regelmäßig wiederholst, gibst du deinem Unterbewusstsein neue Impulse, die dich auf deinem Weg unterstützen. Kombiniert mit Selbsthypnose werden Affirmationen noch wirksamer, weil wir in diesem Zustand besonders offen für neue Richtungen sind. Wir sind dann sozusagen empfänglicher dafür, passende Worte aufzunehmen und langjährige Gewohnheiten zu verändern. In diesem Kapitel lernst du, deine eigenen Affirmationen zu schreiben und sie in deinen Alltag zu integrieren.

Es könnte hilfreich sein, dir noch einmal deine Ziele vor Augen zu führen. Nimm dazu auch gerne deine Aufschriebe in diesem Buch zur Hand. Hier findest du einige Beispiele für Affirmationen, um das Nägelkauen hinter dir zu lassen.

Du kannst sie nach deinen Bedürfnissen anpassen:

> *„Meine Hände und Nägel strahlen Gesundheit und Pflege aus."*
>
> *„Ich bin Herr meiner Gedanken und Handlungen, und ich wähle bewusst."*
>
> *„Jeden Tag wachse ich in meiner Fähigkeit, mich selbst liebevoll zu unterstützen."*
>
> *„Ich ehre meinen Körper, indem ich meine Hände mit Respekt behandle."*

> *„Meine Nägel sind stark und gesund.“*
>
> *„Ich lasse alte Gewohnheiten los und begrüße neue.“*
>
> *„Mit jedem Atemzug fühle ich mich stärker und sicherer in meinen Entscheidungen.“*
>
> *„Meine Hände bleiben ruhig und entspannt, egal in welcher Situation.“*

Diese Affirmationen dienen als Anregung. Wähle für dich persönlich bedeutungsvolle, die zu dir passen.

Mein Geschenk für dich

Begleitend zum Buch erhältst du ein umfangreiches Tollkit, das dich Tag für Tag unterstützt, neue Gewohnheiten aufzubauen und dranzubleiben. Du findest den Zugang direkt nach dem Inhaltsverzeichnis – einfach den QR-Code scannen. Darin findest du auch Affirmationen

Meine Affirmationen:

6.1. Affirmationen im Alltag

Um Affirmationen in dein Leben zu integrieren, nimm dir regelmäßig einige Minuten dafür Zeit. Du kannst sie laut vor dem Spiegel aussprechen, leise vor dich hinmurmeln oder in ein Notizbuch schreiben. Die Hauptsache ist, dass du dich auf die Worte konzentrierst und sie so überzeugend wie möglich aussprichst, auch wenn du selbst noch nicht ganz von ihnen überzeugt sein solltest. So kannst du Affirmationen in deinen Tag integrieren:

→ Morgens:

Beginne deinen Tag mit einer Affirmation, noch bevor du aus dem Bett steigst. Wiederhole sie mehrmals, während du dich auf den Tag vorbereitest.

→ Unterwegs:

Wenn du unterwegs bist oder eine Pause im Berufsalltag hast, nutze diese Zeit, um dir deine Affirmationen in Gedanken zu sagen. Das hilft, dich auf deine Ziele zu konzentrieren und negative Gedanken zu reduzieren.

→ Abends:

Beende deinen Tag mit einer Affirmation, die deine Erfolge des Tages feiert und dich auf den nächsten Tag vorbereitet. Wiederhole sie kurz vor dem Schlafengehen, um deinem Unterbewusstsein positive Impulse für die Nacht mitzugeben.

6.2. Wochenreflexion und Fortschritt

Um deinen Fortschritt zu verfolgen, notiere am Ende jeder Woche, wie du dich gefühlt hast, welche Affirmationen besonders wirkungsvoll waren und wie sich deine Gewohnheiten verändert haben.

Was hat diese Woche gut funktioniert?

Welche Affirmationen haben mir am meisten geholfen?

Wie haben sich meine Gewohnheiten in dieser Woche verändert?

Welche Herausforderungen sind aufgetreten und wie könnte ich sie in der nächsten Woche angehen?

6.3. Hypnose: Persönliche Affirmationen

Diese Hypnose vertieft deine persönlichen Affirmationen. Wenn du möchtest, kannst du sie bereitlegen, damit du sie ablesen kannst, solltest du dich während der Hypnose nicht mehr an sie erinnern.

Hypnose:
Verbinde dich mit persönlichen Affirmationen

Nimm dir jetzt einen Moment Zeit, um dich an einem Ort niederzulassen, wo du ungestört bist. Setze dich oder lege dich entspannt hin, sodass du dich für die nächsten Minuten auf dich konzentrieren kannst. Schließe deine Augen und richte deine Aufmerksamkeit auf deine Atmung. Atme tief ein ... und langsam wieder aus. Jedes Mal, wenn du ausatmest, atmest du Anspannung hinaus und lässt los, was du nicht brauchst ... Jedes Mal, wenn du einatmest, nimmst du all das auf, was dir guttut ... Sinke tiefer hinein und entspanne dich mehr und mehr. Dein Körper kann schwerer, deine Gedanken ruhiger werden.

Erlaube dir, in diesem Moment ganz bei dir zu sein ... komme in deinem Inneren an ... da, wo du sicher und geborgen bist. Kehre nach Hause, komm heim, dahin, wo alles gut ist. Mit jedem neuen Atemzug können Körper und Geist zur Ruhe kommen ... und alles um dich herum leiser und friedlicher werden. Du bist vollkommen sicher, fast entspannt oder vollkommen entspannt, und bereit, dich deinen Affirmationen zu widmen.

Stell dir nun vor, dass du an einem besonderen Ort bist. Du kannst diesen Ort selbst erschaffen. Vielleicht ist es ein Ort in der Natur, ein friedlicher Garten oder ein gemütlicher Raum, der nur für dich da ist. Vielleicht scheint die Sonne angenehm warm und es weht ein sanftes Lüftchen. Alles hier kann sich sicher anfühlen, warm und einladend. Komm nach Hause, wo du eine solche Ruhe findest, dass du dich noch mehr entspannen magst. In dieser sicheren Umgebung kannst du dich frei fühlen und dich auf das konzentrieren, was dir wirklich wichtig ist.

In diesem friedlichen Zustand an diesem wunderschönen Ort lade ich dich ein, an deine Affirmationen zu denken. Vielleicht hast du sie bereits aufgeschrieben oder in Gedanken formuliert. Positive, kraftvolle Botschaften, die in Trance noch bedeutsamer und tiefer klingen und dir helfen, alte Gewohnheiten loszulassen. Du kannst sie in Gedanken wiederholen oder leise vor dich hinsprechen. Wenn es dir leichter fällt, sie abzulesen, öffne die Augen und nimm deine Notizen jetzt zur Hand und lies. Spüre, wie diese Worte tief in deinem Unterbewusstsein wirken können, wo sie wachsen und dich stärken werden.

Wiederhole deine Affirmationen. Stell dir vor, dass sie wie kleine Samen in deinem Inneren gepflanzt werden. Diese Samen werden mit jeder Wiederholung genährt und gestärkt und beginnen zu keimen. Vielleicht kannst du sehen, wie diese Samen zu kräftigen Pflanzen heranwachsen, die voller Leben und Energie sind. Sie symbolisieren Gesundheit und Stärke, deine Ziele und die positiven Veränderungen, die du in deinem Leben erreichen möchtest. Lass diese Vorstellung in dir wachsen und sich ausdehnen, bis sie dein ganzes Wesen erfüllt.

Nun stell dir vor, wie du diese Affirmationen in deinem Alltag anwendest. Vielleicht beginnst du deinen Tag, indem du dir sagst: „Meine Hände und Nägel strahlen Gesundheit und Selbstbewusstsein aus." Womöglich stehst du dabei vor einem Spiegel und sprichst die Worte mit Klarheit aus. Kraft und Zuversicht wachsen mit jeder Wiederholung, und du weißt und spürst immer mehr, dass du all das, was du nicht mehr brauchst, hinter dir lassen kannst. Mit Stolz kannst du der Veränderung in deinem Leben begegnen. Deine Fingernägel wachsen und werden stärker und gesünder, und deine Hände sind gepflegt.

Du kannst dich dabei in verschiedenen Alltagssituationen sehen, in denen du deine Affirmationen sagst. Vielleicht kurz vor dem Einschlafen oder am Morgen, wenn du aufwachst. Es kann auch ein Moment sein, in dem du normalerweise unruhig wurdest und an deinen Fingernägeln gekaut hast. Stell dir vor, wie du in diesem Moment innehältst, tief einatmest und dir sagst: „Ich bin Herr meiner Gedanken und Handlungen, und ich wähle bewusst." Spüre, wie sich deine Hände entspannen, wie du die Kontrolle behältst und dich für einen neuen, gesunden Weg entscheidest.

Mit jedem Tag wachsen die Pflanzen stärker und werden kräftiger. Du kannst fühlen, wie sie dir helfen, ein neues Verhalten zu etablieren, das dir mehr Freiheit schenkt.

Stell dir jetzt vor, dass jede Affirmation, die du wiederholst, von einem Lichtstrahl begleitet wird. Dieses Licht ist warm und beruhigend ... es umgibt dich schützend und liebevoll und du kannst es tief in dich aufnehmen. Mit jedem Atemzug breitet sich dieses Licht weiter in deinem Körper aus, erhellt deine Gedanken und füllt dein Herz mit Zuversicht und Stärke. Lass dieses Licht auch die Bereiche in dir berühren, die noch Zweifel oder Unsicherheiten haben. Spüre, wie das Licht diese Bereiche erwärmt und sie mit neuer Energie erfüllt ... bis in die Hände und Fingerspitzen hinein und in jeden Fingernagel.

In dieser inneren Welt bist du frei von alten Mustern und Gewohnheiten. Hier hast du die Kontrolle, hier kannst du die Person sein, die du wirklich sein möchtest. Sieh dich selbst, wie du in verschiedenen Situationen des Lebens stark, ruhig und selbstbewusst handelst. Die Affirmationen begleiten dich auf diesem Weg und geben dir die Kraft, das zu tun, was für dich richtig und wichtig ist.

Bereite dich nun langsam darauf vor, wieder aus der Hypnose zurückzukehren. Nimm einen tiefen Atemzug ... und nimm dabei alles Wichtige mit in den Wachzustand. Bewege sanft deine Finger und Zehen. Mit jedem Atemzug kehrst du mehr und mehr ins Hier und Jetzt zurück. Öffne langsam deine Augen und nimm die Welt um dich herum wieder bewusst wahr. Du weißt, dass es jedes Mal leichter wird, wenn du deine Affirmationen wiederholst und sie dadurch Wirklichkeit werden.

Reflektiere:

- Gab es eine Affirmation, die dir besonders gutgetan hat?

- Wie war es für dich, die Affirmationen auszusprechen?

- Was möchtest du aus dieser Hypnose für deine Ziele mitnehmen?

Im nächsten Kapitel werden wir uns auf die Themen Achtsamkeit und Stressbewältigung konzentrieren. Durch einfache Achtsamkeitsübungen und Atemtechniken reduzierst du den Drang zu kauen weiter.

7. Achtsamkeit und Stressbewältigung

Achtsamkeit ist, wenn wir den gegenwärtigen Moment bewusst und ohne Bewertung wahrnehmen und uns auf das Hier und Jetzt konzentrieren. Es gibt Übungen, die du anwenden kannst, um achtsamer zu werden. Wer achtsam ist, kann Situationen frühzeitig erkennen und bewusst reagieren. Dadurch reduziert sich das unbemerkte, automatisierte Nägelkauen und du bekommst bewusster mit, was du mit deinen Händen machst. Daneben helfen dir Achtsamkeitsübungen dabei, Anspannung, Druck, Unwohlsein oder andere Gefühle frühzeitig wahrzunehmen, die bisher vielleicht dazu geführt haben, an den Fingernägeln zu kauen. Dadurch wirst du handlungsfähiger.

7.1. Achtsamkeitsübungen

Beginnen wir mit einigen einfachen Übungen. Sie können dich auch auf eine Hypnose als eine Art Hypnoseeinleitung einstimmen. Auf diese Weise kannst du leichter in die Trance gehen.

Atemfokus

„Atme tief ein und aus, und richte deine gesamte Aufmerksamkeit auf deinen Atemfluss. Spüre, wie die Luft in deine Lungen strömt und wieder hinausfließt. Wenn du gedanklich abschweifst, bringe deinen Fokus wieder zu deiner Atmung zurück."

Wiederhole diese Übung für 5–10 Minuten täglich, besonders in stressigen Momenten.

Körper-Scan

„Konzentriere dich nun auf deinen Körper. Beginne mit den Füßen und spüre jede Empfindung. Arbeite dich langsam von den Füßen hinauf zu den Unterschenkeln, den Knien, den Oberschenkeln, weiter nach oben bis zu deinem Kopf. Nimm dir Zeit, deinen gesamten Körper zu scannen und wahrzunehmen, wie sich dein Körper jetzt gerade anfühlt."

Wenn du während dieser Übung den Drang verspürst, an deinen Nägeln zu kauen, nimm ihn wahr, aber handle nicht danach. Notiere dir, wie sich der Drang anfühlt, und beobachte, wie er wieder vorübergeht.

Fokus auf Farben

„Wähle eine Farbe, die du in deiner Umgebung findest und leicht anschauen kannst (z. B. Blau). Schau dich jetzt um. Betrachte deine Umgebung ganz in Ruhe und versuche, so viel wie möglich in dieser Farbe zu finden. Wenn du etwas in der gewählten Farbe gefunden hast, verweile einen Moment dort mit deinem Blick. Betrachte die Form, Textur und den genauen Farbton. Atme dann tief ein und aus ... konzentriere dich darauf, wie du dich dabei fühlst."

Nimm dir 5–10 Minuten Zeit für diese Übung. Sie hilft dabei, dich und deine Gedanken zu beruhigen und die Aufmerksamkeit auf den gegenwärtigen Moment zu lenken. Die Übung lenkt den Fokus von inneren Stressoren weg.

Duftmeditation

„Wähle einen angenehmen Duft, das kann ein ätherisches Öl, ein Gewürz oder eine duftende Blume sein. Nimm den Duft bewusst wahr und halte ihn nah an deine Nase ... atme ihn tief ein. Konzentriere dich ganz auf die Nuancen des Geruchs. Achte darauf, wie dein Körper auf den Duft reagiert. Vielleicht entspannst du dich oder du fühlst dich ruhiger. Stell dir vor, wie der Duft deinen Körper durchströmt und ihn mit Entspannung erfüllt."

Eine besonders effektive Methode gegen den Drang nach Nägelkauen ist die Achtsamkeit durch Gerüche. Durch den Fokus auf das Riechen kann der Drang zu kauen in eine entspannende sensorische Erfahrung umgeleitet werden.

7.2. Stressbewältigung durch Atemtechniken

Das Verlangen zu kauen, kann erheblich reduziert werden, wenn du lernst, dich bei Stress besser zu regulieren. Atemtechniken sind eine schnelle und effektive Methode, um Stress abzubauen und dich zu beruhigen.

4-7-8 Atemtechnik

„Atme 4 Sekunden lang tief durch die Nase ein. Halte den Atem 7 Sekunden lang an. Atme 8 Sekunden lang durch den Mund aus. Du kannst dabei die Lippen leicht spitzen. Wiederhole diese Atmung 4–5 Mal, um dich zu beruhigen und den Stress zu mindern."

Diese Technik kann besonders nützlich sein, wenn du in einer Situation bist, die dich nervös macht, oder wenn du merkst, dass der Drang zu kauen stärker wird. Sie kann auch in einer beruflichen oder öffentlichen Situation unauffällig angewendet werden.

Gehmeditation

„Finde einen ruhigen Ort zum Gehen, dies kann drinnen oder draußen sein. Beginne dann langsam, einen Fuß vor den anderen zu setzen, und konzentriere dich auf jeden Schritt. Spüre den Kontakt deiner Füße mit dem Boden und atme synchron zu jedem Schritt. Atme ein, wenn du einen Schritt machst, und atme aus, wenn du den nächsten machst. Versuche, deine Atmung mit deinem Gehen zu synchronisieren. Während du gehst, nimm die Umgebung mehr wahr als sonst. Betrachte die Farben, Geräusche und Gerüche um dich herum."

Besonders die Kombination aus körperlicher Bewegung mit Fokussierung kann dabei sehr effektiv sein.

1-Minuten-Meditation

„Setze dich dieses Mal aufrecht hin und schließe die Augen ... atme tief ein und aus. Wähle ein Wort (z. B. „Ruhe" oder „Gelassenheit") und wiederhole es leise in deinem Kopf. Sei dabei achtsam und lass Gedanken los, die aufkommen. Konzentriere dich immer wieder neu auf dein gewähltes Wort. Spüre, wie sich deine Gedanken beruhigen und sich dein Körper entspannt."

Diese Übung kannst du mehrmals am Tag durchführen.

3-Minuten-Meditation

„Schließe die Augen und nimm drei tiefe Atemzüge. Konzentriere dich auf den Körper und durchsuche ihn nach Verspannungen oder Unbehagen. Gibt es Bereiche, wo du solches wahrnehmen kannst? Nimm alles wahr, ohne es zu bewerten. Mit jedem Ausatmen stell dir vor, dass du Stress und Anspannung loslässt."

Führe diese Meditation einige Minuten durch, bis du merkst, dass du dich ruhiger fühlst.

Der Rosinen-Trick

„Nimm eine Rosine (oder ein anderes kleines Lebensmittel) in die Hand: Schau sie dir genau an, spüre ihre Textur … rieche daran. Nun setze die Rosine auf deine Zunge und nimm dir Zeit, wahrzunehmen, wie sie sich anfühlt, bevor du sie kaust. Schmecke die freigesetzten Aromen. Beginne dann, die Rosine sehr langsam zu kauen, und achte darauf, wie sich der Geschmack entfaltet. Schlucke sie erst hinunter, wenn du sie vollständig zerkaut hast."

Diese Übung sollte etwa 5–10 Minuten dauern. Wiederhole sie bei Bedarf mit anderen Lebensmitteln. Der Drang nach Nägelkauen kann durch die Wahrnehmung der Rosine in einen Moment der Ruhe und Konzentration verwandelt werden. Die Übung fördert zudem achtsames Essen, und darüber hinaus kannst du deinen Mund beschäftigen, ohne an den Nägeln zu kauen.

7.3. Hypnose: Mehr Achtsamkeit

Mit Hypnose kannst du die positiven Effekte von Achtsamkeitsübungen noch intensiver erleben und zukünftige stressige Situationen gelassen meistern. Hypnose bietet dir einen inneren Raum, in dem du Achtsamkeit erlebst und auch tief verankerst, sodass du in herausfordernden Momenten ruhig und klar bleiben kannst.

Hypnose:
Gönne dir eine tiefe Entspannung

Nimm dir jetzt einen Moment, um zur Ruhe zu kommen. Finde einen bequemen Platz, an dem du dich wohlfühlst und ungestört entspannen kannst. Vielleicht möchtest du die Augen schließen und die Welt um dich herum für einen Moment ausblenden, damit du dich ganz auf dich konzentrieren kannst. Spüre die Unterlage, wie den Stuhl, Sessel oder die Liege unter dir, die dich sicher trägt. Erlaube dir, diese Verbindung ganz wahrzunehmen. Sie gibt dir Halt und Stabilität ... sie trägt und hält dich sicher. Atme tief ein ... und lass die Luft langsam wieder ausströmen. Mit jedem Einatmen nimmst du frische, klare Energie auf ... und mit jedem Ausatmen lässt du alle Anspannung und Sorgen los. Allmählich wird dein Körper schwerer und sinkt in die Unterlage hinein. Nach und nach ganz angenehm schwer, während deine Gedanken ruhiger werden, als ob sie wie von einem sanften Wind weggeweht werden. Vielleicht kannst du ihnen noch hinterherschauen und spüren, wie du immer mehr entspannst.

Jeder Atemzug lässt dich tiefer in diesen Moment sinken. Um dich herum und in dir wird es ruhiger. Dein Atem fließt und dein Körper bewegt sich mit jedem Atemzug sanft auf und ab. Stell dir vor, dass jeder Atemzug wie ein Windhauch ist, der durch die Blätter eines Baumes weht, sanft und beruhigend. Dieser Baum steht fest verwurzelt, so wie du jetzt hier bist – ruhig, sicher und vollkommen im Moment verankert.

Nun lade ich dich ein, dich auf eine Reise zu begeben, die dich zu einem Tal bringt. Um dich herum kannst du hohe, schneebedeckte Gipfel sehen, die sich weit über dir in den blauen Himmel erheben. Die Luft ist klar und die Farben der Landschaft leuchten in warmen, beruhigenden Tönen. Leise rauscht ein kleiner Bergbach ganz in der Nähe. Stell dir vor, wie du da stehst und die ganze Atmosphäre um dich herum in dich aufnimmst. Du stehst stabil und fest, deine Füße spüren den Boden, als du langsam beginnst, einen Fuß vor den anderen zu setzen. Du spürst jeden Schritt ganz deutlich ... du spürst den Kontakt zum Boden ... atme jetzt ein, wenn du einen neuen Schritt machst, und atme aus, wenn du den nächsten machst. Du bist synchron mit deiner Atmung und kannst dich immer mehr mit der Natur verbinden ... Fest ist der Boden unter deinen Füßen. Fühle, wie er dich trägt und wie du mit jedem Schritt mehr bei dir ankommst.

Auf deinem Weg begegnest du einer alten, mächtigen Eiche, die allein auf einer Lichtung steht. Ihre Äste sind weit ausgebreitet, ihre Blätter flüstern leise im Wind ... sie rascheln sanft und das Sonnenlicht fällt golden durch ihre Blätter. Wenn du möchtest, kannst du näher zur Eiche gehen und dich unter ihre schützenden Zweige setzen ... lehne dich gegen den rauen, breiten Stamm. Hier ist eine ganz friedliche Atmosphäre. Die Sonne scheint angenehm warm und erwärmt sanft deine Haut, während ein leichter Wind dich sanft streichelt. Du bist hier, ganz im Moment, ohne Eile, ohne Sorgen. Alles, was zählt, ist dieser Augenblick.

Richte nun deine Aufmerksamkeit auf deine Hände. Sie entspannen sich auf eine ganz natürliche Weise. Die Muskeln werden weich und gelöst ... und deine Hände machen das, was Hände so machen. Vielleicht liegen sie bequem auf deinem Schoß. Sie sind gepflegt und deine Fingernägel sind stark und gesund. Du spürst keinen Drang, an ihnen zu kauen. Stattdessen erfüllt dich ein Gefühl tiefer Zufriedenheit und Ruhe. Hier an diesem Ort haben Stressoren, die dich früher belastet haben, keine Macht über dich. Sie lösen sich auf wie Nebel im Sonnenlicht, verschwinden, ohne Spuren zu hinterlassen.

All das, was du hier erlebst, wirst du in dein Leben mitnehmen. Dein Unterbewusstsein weiß schon längst, was du davon benötigst, um auf deinem Weg weiterzugehen. Das, was du auf deinem Weg brauchst und was dich unterstützt, dein Ziel zu erreichen und gepflegte, schöne Hände und gesunde Fingernägel zu haben, speichert dein Unterbewusstsein ab, damit es dir hilft ... bei Tag und bei Nacht. Und ganz gleich in welchen Situationen in deinem Leben, ob bei einem spannenden Film, einer langweiligen Wartesituation ... du bleibst bei dir ruhig, zentriert, achtsam. Du atmest tief ein ... und aus ... und bleibst bei dem, was wirklich wichtig für dich ist. All das, was dich früher überwältigt hat, hat keinen Platz mehr in deinem Leben. Stattdessen lenkst du deine Aufmerksamkeit auf das Hier und Jetzt, auf deinen Atem, auf die Ruhe, die immer da ist ... egal, was im Außen ist.

Nimm noch einmal einen tiefen Atemzug und spüre, wie die Ruhe sich in deinem ganzen Körper ausbreitet und jede Zelle berührt wird. Komme dann langsam wieder zurück. Spüre, wie du sitzt oder liegst, nimm wahr, wie deine Hände aufliegen. Atme dann tief ein und während du ausatmest, kommst du wieder vollständig zurück. Bewege deine Finger und Zehen, strecke dich ein wenig, und wenn du bereit bist, öffne langsam deine Augen. Nimm die Welt, die dich umgibt, wieder mehr wahr und lass das Erlebnis der Trance in dir nachklingen.

Reflektiere:

- Gab es Momente in der Trance, in denen du dich besonders ruhig und zentriert gefühlt hast? Was hat dir dabei geholfen?

- Was hast du körperlich während der Hypnose bemerkt, als du dich mehr entspannt hast?

- Welchen Einfluss hatte die große Eiche auf deine innere Ruhe?

- Gab es bestimmte Bilder, Gedanken oder Gefühle, die dir besonders geholfen haben, dich zu entspannen und loszulassen?

Im nächsten Kapitel werden wir uns darauf konzentrieren, Verhaltensänderungen durch Gewohnheitsbildung zu etablieren. Du wirst lernen, wie du neue, positive Gewohnheiten entwickelst und diese in deinen Alltag integrierst.

8. Neue Gewohnheiten entwickeln

Gewohnheiten lenken unser tägliches Verhalten unbewusst. Um das Nägelkauen dauerhaft zu überwinden, ist es entscheidend, alte Gewohnheiten durch neue, positive und gesunde Alternativen zu ersetzen.

Verbindung zur Hypnose

Wenn du regelmäßig bestimmte Handlungen wiederholst, programmiert sich dein Gehirn darauf, diese automatisch auszuführen, weil so der Energieaufwand des bewussten Denkens wegfällt. Das ist dem Autofahren sehr ähnlich: Solange wir Autofahren lernen, benötigen wir viel Energie und Ressourcen. Sobald wir beim Autofahren geübt sind, geht es wie von selbst und wir können uns sogar dabei unterhalten. Dies gilt sowohl für negative als auch für positive Gewohnheiten. Die in diesem Kapitel beschriebenen Methoden sind besonders effektiv, wenn sie mit Hypnose kombiniert werden. Neue Gewohnheiten und ihre Veränderungen werden fest in deinem Unterbewusstsein verankert.

Die Macht der kleinen Schritte

Eine Änderung im Verhalten nachhaltig zu integrieren, erfordert Geduld und Konsequenz und die Bereitschaft, auch kleine Schritte zu gehen. Erinnere dich noch mal an deine persönlichen Auslöser.

Erinnere dich daran, in welchen Momenten du dich als besonders gefährdet fühlst, wieder in alte Muster zurückzufallen, und wie du dies umgehen möchtest. Denke auch an deine kleinen, erreichbaren SMART-Ziele und sei dir bewusst, wie motivierend gerade die kleinen Erfolge auf deinem Weg sein können.

Alternativen zum Nägelkauen

Finde nun Alternativen zum Nägelkauen, die du in stressigen, langweiligen, aufregenden usw. Momenten anwenden möchtest. Dies könnten Übungen sein, die du bereits in den vorherigen Kapiteln kennengelernt hast, wie Atemübungen, das Spielen mit einem Stressball oder Knetmasse, oder das bewusste Führen der Hände an den Körper. Im Kapitel „Strategien für den langfristigen Erfolg" kannst du zehn Notfallstrategien nachlesen; vielleicht ist hiervon auch etwas für dich dabei.

Meine neuen Alternativen:

Wiederhole deine neuen Handlungen täglich, bis sie zur Routine werden. Stell dir einmal vor, welche positiven Auswirkungen dies auf dein Leben haben wird. Mit dieser Vorstellung richtest du dein Unterbewusstsein auf deinen Erfolg aus.

8.1. Übungstagebuch

Um eine unliebsame Gewohnheit, wie das Nägelkauen, erfolgreich zu überwinden, ist es entscheidend, dich selbst genau zu beobachten und deine Fortschritte bewusst zu verfolgen. Das folgende Übungstagebuch hilft dir dabei, deine täglichen Erfahrungen, Herausforderungen und vor allem auch Erfolge festzuhalten und die Entwicklung besser zu verfolgen.

Tägliches Übungstagebuch

Datum:

Wie oft habe ich heute den Drang verspürt, an meinen Nägeln zu kauen?

- ☐ Nie
- ☐ 1–2 Mal
- ☐ 3–5 Mal
- ☐ Mehr als 5 Mal

In welchen Situationen habe ich den Drang verspürt?

Wie habe ich auf den Drang reagiert?

- ☐ Ich habe gekaut.
- ☐ Ich habe es geschafft, nicht zu kauen.

Welche Techniken oder Gedanken haben mir geholfen, nicht zu kauen?

Wie fühle ich mich am Ende des Tages in Bezug auf meine Fortschritte?

Was habe ich heute über meine Gewohnheiten und mich gelernt?

Wie kann ich morgen besser werden?

8.2. Der 30-Tage-Gewohnheitstracker

Studien zeigen, dass es etwa 30 Tage dauert, eine neue Gewohnheit zu festigen. Deshalb stellen wir dir zusätzlich noch einen 30-Tage-Gewohnheitstracker zur Verfügung, der zwar dem Übungstagebuch ähnlich ist, jedoch lässt sich durch die kurze Antwortmöglichkeit der Verlauf viel leichter überblicken.

Notiere jeden Tag das spezifische Verhalten, das du ändern möchtest. Zum Beispiel:

> *„Heute werde ich aufmerksam sein und nicht an den Fingernägeln kauen."*

Jeden Abend markierst du auf deinem Tracker, ob du es geschafft hast, dein Ziel zu erreichen. Diese kleine tägliche Reflexion hilft, deine Fortschritte sichtbar zu machen. Wenn du merkst, dass du Schwierigkeiten hast, deine Ziele zu erreichen, passe den Tracker an. Füge zusätzliche Notizen hinzu und denke über mögliche Hindernisse nach. In dem Download-Paket für schöne Fingernägel findest du diesen Gewohnheitstracker zum Ausdrucken und Ausfüllen. Zugang findest du am Anfang des Buches nach dem Inhaltsverzeichnis.

Mein Gewohnheitstracker:

	Datum	Trigger & Reaktion	Erfolg?	Bemerkung
1			☐ ja ☐ nein	
2			☐ ja ☐ nein	
3			☐ ja ☐ nein	
4			☐ ja ☐ nein	
5			☐ ja ☐ nein	
6			☐ ja ☐ nein	
7			☐ ja ☐ nein	
8			☐ ja ☐ nein	
9			☐ ja ☐ nein	
10			☐ ja ☐ nein	
11			☐ ja ☐ nein	
12			☐ ja ☐ nein	
13			☐ ja ☐ nein	

8.3. Belohnung für nachhaltige Motivation

Positive Verstärkung spielt eine entscheidende Rolle, wenn du dich an ein neues Verhalten gewöhnen möchtest. Belohnungen helfen dir, auch über einen längeren Zeitraum motiviert zu bleiben. Wähle am besten solche, die wirklich reizvoll für dich sind und auf die du dich freust. Diese positiven Verstärker helfen deinem Gehirn, die neuen Gewohnheiten als lohnend und erstrebenswert abzuspeichern und bei deinem Vorhaben zu bleiben.

Du kannst dich für jeden erfolgreichen Tag belohnen, indem du dir bewusst machst, was du leistet. Jeder Tag, an dem du nicht an den Nägeln gekaut hast, ist ein Erfolg. Kleine Belohnungen nach einem erfolgreichen Tag können ein wohltuender Tee sein, ein warmes Bad, etwas, womit du dir Gutes tun kannst. Wenn du ein Etappenziel erreichst, kann die Belohnung größer und bedeutsamer sein. Wichtig ist, dass du deinen Fortschritt anerkennst und dir die Belohnung gönnst.

Meine wöchentlichen Belohnungen

Jede Woche, in der du nicht an den Fingernägeln gekaut hast, könntest du dir eine kleine Belohnung gönnen, wie einen Ausflug, ein gutes Buch oder dein Lieblingsessen.

Meine monatlichen Belohnungen

Wenn du den gesamten Monat durchgehalten hast, plane etwas Größeres, worauf du dich sehr freust. Das könnte ein Tagesausflug, eine Massage oder ein neues Kleidungsstück sein.

Meine langfristigen Belohnungen

Wenn du ein halbes Jahr nicht mehr an den Nägeln gekaut hast, ist es Zeit für eine größere Belohnung. Vielleicht ein Wochenendausflug, eine kleine Reise oder ein neues Hobby, das du ausprobieren möchtest.

8.4. Positive Gewohnheiten etablieren

Am Morgen und am Abend kannst du dir Zeit für eine kurze Hand- und Nagelpflege nehmen. Dies nicht allein, um deine Nägel zu pflegen, sondern um dich immer wieder an dein Ziel zu erinnern. Du kannst dabei auch deine positiven Affirmationen sagen. Abends kann zudem eine gute Zeit sein, um über deine Erfolge nachzudenken oder den Gewohnheitstracker auszufüllen. Dies festigt deine neuen Gewohnheiten weiter und du kannst dich so auch mental auf den nächsten Tag vorbereiten.

Reflektiere:

- Welche neuen Gewohnheiten funktionieren am besten?

- Wie fühlst du dich, nachdem du eine neue Gewohnheit anwendest?

Bleibe geduldig und sei dir bewusst, dass du auf einem guten Weg bist, das Nägelkauen zu überwinden und sogar dein gesamtes Verhalten und deine Gewohnheiten nachhaltig zu verbessern.

8.5. Hypnose: Neue Gewohnheiten

In dieser Hypnose lernst du, alte Muster loszulassen und durch gesündere, stärkende Gewohnheiten zu ersetzen. Dein Unterbewusstsein wird aktiv daran arbeiten, positive Veränderungen zu unterstützen.

Hypnose:
Visualisiere deine neuen Gewohnheiten

Mach es dir bequem und schließe deine Augen, wenn du das möchtest. Richte deine Aufmerksamkeit nach innen. Dein Atem strömt gleichmäßig ein und aus. Mit jedem Atemzug kann ein sanftes, beruhigendes Licht in dich einströmen. Dieses Licht breitet sich in deinem ganzen Körper aus und beruhigt alles in dir – jeden Muskel, jedes kleine Spannungsgefühl und strömt in jeden Winkel deines Körpers hinein. Vielleicht kann dich dieses Licht von innen heraus entspannen und deine Muskeln sogar weich und dich ruhig machen. Erlaube ihm, jede Stelle in dir zu erreichen, auch die, die vielleicht noch nicht so entspannt ist.

Nun lade ich dich ein, dich an einen Moment zu erinnern, in dem du dich sicher und geborgen gefühlt hast. Vielleicht warst du da draußen in der Natur, in einem ruhigen Wald, an einem Fluss oder an einem Strand. Oder bei dir zuhause, wo du dich wohlfühlst und einfach alles in Ordnung ist. Nimm dir Zeit, diesen Ort in dir entstehen zu lassen. Die Erinnerung an diese Geborgenheit kann immer präsenter werden. Nutze hierfür so viele Sinne wie möglich – du kannst sehen, spüren, riechen und hören. Nimm alles genau wahr.

Nimm diese Geborgenheit in dein Leben mit und beobachte, wie dadurch immer mehr Raum für deine neuen Gewohnheiten entsteht. Zum Beispiel könntest du dir vorstellen, wie du tief einatmest und dich entscheidest, dich und deine Hände ruhig zu halten, anstatt an den Nägeln zu kauen. Du kannst sie auch aufeinanderlegen, einen besonderen Stein halten oder eine andere kleine Geste innerlich oder äußerlich machen, um dich zu zentrieren.

Nimm dir nun Zeit, dir deine persönlichen neuen Gewohnheiten vorzustellen, und erlebe vor deinem inneren Auge, wie du sie durchführst. Durch diese neuen Handlungen rücken alte immer mehr in den Hintergrund. Du wirst selbstbewusster, weil du weißt, was du alles erreichen kannst. Situationen, in denen du früher nervös geworden wärst, machen dir immer weniger etwas aus. Und so wie du jetzt ruhig bleibst oder auch nicht, deine Hände bleiben entspannt und sicher. Auch in Situationen, in denen dir langweilig war, kannst du jetzt stolz auf deine gepflegten Hände und schönen Fingernägel schauen. Du behältst in diesen Momenten die Kontrolle und triffst Entscheidungen, die dir guttun. Diese neuen Verhaltensweisen werden immer mehr Teil deines Alltags, sie werden zu einem natürlichen Teil von dir.

Stell dir diese Szenen ausgiebig vor und beobachte, was das mit dir macht. Du weißt, dass du in der Lage bist, diese positiven Veränderungen in deinem Leben zu etablieren. Die neuen Gewohnheiten verankern sich allmählich tief in deinem Unterbewusstsein und festigen sich dort weiter. Sie werden zu einem festen Bestandteil deines Lebens, sodass du Tag für Tag stärker wirst. Immer freier und selbstbewusster kannst du dich fühlen.

Nun lade ich dich ein, dir vorzustellen, wie du diese neuen Gewohnheiten in verschiedenen Situationen deines Lebens anwendest – morgens, wenn du aufstehst, während der Arbeit, wenn du ruhig oder gestresst bist. Du triffst bewusst die Wahl, es dieses Mal anders zu machen als zuvor. Vielleicht am Morgen nach dem Aufwachen, wenn du tief durchatmest und dich darauf einstimmst, den Tag mit diesen neuen, positiven Verhaltensweisen zu beginnen. Oder abends, wenn du zurückblickst und stolz auf deine Entscheidungen bist.

Jedes Mal, wenn du dein altes Muster unterbrochen und neue Gewohnheiten genutzt hast, hast du dich in deinem Vorhaben gestärkt. Auch wenn Veränderungen nicht über Nacht geschehen, merkst du, dass sie sich mit jedem Tag immer natürlicher anfühlen. Jeder Tag bringt dich deinem Ziel näher und du wirst immer mehr zu der Person, die du sein möchtest.

Wenn du bereit bist, wieder in den Wachzustand zurückzukehren, nimm dir noch einen Moment, um die Ruhe und Gelassenheit tief in dir zu speichern und in dein Leben mitzunehmen. Atme noch einmal tief ein ... und aus. Mit jedem Atemzug kommst du wieder mehr und mehr in das Hier und Jetzt zurück. Nun bewege deine Finger und Zehen, strecke dich vielleicht ein wenig und öffne langsam deine Augen, wenn du bereit bist. Nimm die Welt um dich herum wieder bewusst wahr.

Reflektiere:

- Welche neuen Gewohnheiten hast du in der Hypnose gesehen, wie fühlte es sich an, diese Veränderungen zu visualisieren?

- Gab es eine bestimmte Handlung oder Gewohnheit, die sich für dich besonders stimmig und wirksam angefühlt hat?

- Wie möchtest du diese neuen Gewohnheiten in deinen Alltag integrieren, und welche kleinen Schritte wirst du dafür gehen?

- Welche Herausforderungen könntest du erwarten und wie möchtest du ihnen begegnen, um deine neuen Gewohnheiten zu festigen?

Im nächsten Kapitel warten drei Hypnosen auf dich, die dir vor allem bei Situationen im öffentlichen Raum helfen.

9. Hypnose für öffentliche Situationen

In öffentlichen Situationen können wir uns manchmal besonders gefordert fühlen, sei es bei einem wichtigen Meeting, einer Präsentation, beim Warten an der Kasse, beim Besuch der Familie oder bei anderen gesellschaftlichen Ereignissen. Solche Situationen können den Drang, an den Nägeln zu kauen, verstärken. Doch warum ist das so? Für viele kann der Wunsch, einen guten Eindruck zu hinterlassen, einen enormen Druck auslösen. Vor allem dann, wenn viel auf dem Spiel steht. Klienten berichten dann häufig, dass sie sich in solchen Drucksituationen zudem noch beobachtet fühlen, während es ihnen wichtig ist, wie sie von anderen wahrgenommen werden. Es ist verständlich, dass dies Anspannung mit sich bringt und den Drang, an den Nägeln zu kauen, erheblich erhöhen kann. Wiederum kann dieser in der Öffentlichkeit unterdrückte Impuls den Druck noch weiter ansteigen lassen. Die folgenden Hypnosen sollen dir helfen, diesen Drang weiter zu reduzieren.

9.1. Hypnose: Innere Stärke reaktivieren

Diese Hypnoseübung soll dich an deine Ressourcen erinnern. Achte dabei auf die Details: Wie fühlen sich deine Hände an, wenn du ganz in deiner Kraft bist? Was verändert sich während der Hypnose?

Hypnose:
Visualisiere deine neuen Gewohnheiten

Nimm dir jetzt die Zeit, um eine Pause von deinem Tag einzulegen und dich ganz auf dich selbst zu konzentrieren. Finde eine bequeme Position, sei es im Sitzen oder Liegen, so wie es für dich am angenehmsten ist. Lass die Welt um dich herum langsam verblassen, während du dich auf deinen Atem konzentrierst. Sanft kann die Luft in deine Lunge strömen und wieder hinaus. Ein ganz natürlicher Rhythmus, der dich beruhigt und entspannt. Stell dir vor, dass du mit jedem Einatmen frische, beruhigende Energie aufnimmst, die deinen gesamten Körper durchflutet. Mit jedem Ausatmen lässt du alle Spannungen los, als ob sie sich in der Luft auflösen und verschwinden.

Deine Atmung wird zu einer Brücke, die dich in einen Zustand tiefer Entspannung und wie in eine andere Welt führt. Jeder Atemzug bringt dich weiter auf der Brücke ... und langsam, Atemzug für Atemzug ... Schritt für Schritt kannst du auf die andere Seite gelangen. Dort, wo du deine Innenwelt findest. Einen Ort, an dem du in Ruhe sein kannst. Spüre, wie du nach und nach mehr dort ankommst ... und wie dein Körper gleichzeitig in die Unterlage sinkt, die dich sicher trägt. Deine Gedanken fokussieren bereits diese andere Welt, in der es warm und beruhigend ist und du ganz sicher, geborgen, bei dir sein kannst. Nun lade ich dich ein, dich hier umzuschauen. Was siehst du in deiner Welt? Sie kann real sein oder fiktiv und sogar ganz deiner Fantasie entspringen.

Womöglich kannst du einen stillen Wald entdecken, in dem nur das leise Rauschen der Blätter und das Zwitschern der Vögel zu hören sind. Oder es könnte ein abgelegener Strand sein, wo die sanften Wellen am Ufer plätschern. Egal, was du hier entdecken magst, dieser Ort ist sicher, ruhig und einladend, und er gehört ganz dir. Nimm dir einen Moment Zeit, um diesen Ort vollständig zu erleben. Spüre den Boden unter deinen Füßen, höre die sanften Geräusche der Natur um dich herum, fühle die reine, klare Luft, die deine Haut berührt. Alles hier ist darauf ausgerichtet, dir Ruhe und Frieden zu schenken.

Während du hier an diesem friedlichen Ort verweilst, möchte ich dich bitten, an eine Zeit zu denken, in der du dich innerlich stark und ruhig gefühlt hast. Vielleicht fällt dir eine Situation ein, in der du genau so warst, wie du es dir immer wünschst. Womöglich souverän, selbstsicher oder auch ganz im Vertrauen mit dir. Nichts war da ferner, als an deinen Nägeln zu kauen. Erinnere dich an die Situation und nimm dieses Gefühl auf und diese innere Haltung wieder ein. So als ob du für dich ein besonderes Kleidungsstück anziehst, das dir diese Kraft und diese Haltung einverleibt, in dem Moment, in dem du es trägst. Kannst du erkennen, was sich damit für dich verändert? Sieh dich selbst so ruhig, entspannt, frei. Es gibt nichts, was dich stören könnte. Immer mehr wird auch innerlich klar, dass es Zeit ist, loszulassen. Diese alte Zeit mit der alten Gewohnheit ist längst vergangen und schon bald Geschichte. Sie verblasst wie auf einem Polaroid aus einer vergessenen Zeit, das man nur hin und wieder zufällig eingestaubt in einer alten Schublade findet.

Du kannst vollkommen so sein, wie du es dir wünschst. Ruhig und souverän, selbstbewusst, weil es nichts gibt, was deine innere Ruhe stören könnte. Alles um dich herum geschieht, aber du bleibst zentriert, ausgeglichen und fest in deiner Mitte verankert.

Und wann immer du Worte findest, die besser für dich passen, sei so frei und formuliere Worte und gerne ganze Sätze für dich um. Denn du bist der Souverän in dir. Nur du selbst kannst wissen, was stimmig ist und zu dir passt.

Beobachte dich weiter in dieser Zeit und bringe sie allmählich in dein heutiges Leben. Richte dabei gleichzeitig deine Aufmerksamkeit auf deine ruhigen und entspannten Hände. Deine Hände und Finger tun das, was Hände so tun. Sie liegen in deinem Schoß, wenn du sprichst, gestikulieren sie vielleicht, sie streicheln dein Haar oder greifen zu einem Glas ... Auf eine ganz natürliche Weise tun sie das, was ihnen entspricht und was zu ihnen passt. Stell dir vor, dass deine innere Ruhe auch in deine Hände fließt ... als eine sanfte Energie, die jeden Drang, an deinen Nägeln zu kauen, einfach wegschwemmt. Diese Energie durchströmt deine Hände und breitet sich von dort immer weiter in deinem ganzen Körper aus. Sie gibt dir ein Gefühl von Sicherheit und Stärke. Mit jedem Atemzug merkst du, wie sich die innere Ruhe verstärkt. Deine Hände bleiben ruhig und entspannt, frei von jedem Drang.

Stell dir jetzt vor, wie du so verschiedene Situationen deines Lebens meisterst ... wie deine Hände entspannt bleiben und wie du sicher die Kontrolle über das, was du möchtest und nicht mehr möchtest, behältst, egal wo du bist und was du machst. Diese innere Ruhe und Sicherheit sind tief in dir verankert, sie gehören dir, und du kannst jederzeit auf sie zurückgreifen. Deine Hände heilen und deine Fingernägel wachsen gesund und stark, egal was passiert.

Nun kehre langsam wieder aus der Hypnose zurück. Nimm einen tiefen Atemzug und die Ruhe mit. Sie darf dich begleiten. Bewege deine Finger und Zehen, spüre die Unterlage unter deinem Körper, werde dir wieder mehr deines Körpers in seiner Umgebung bewusst. Mit jedem Atemzug kehrst du mehr ins Hier und Jetzt zurück. Öffne langsam deine Augen und nimm die Welt um dich herum wieder bewusst wahr.

Reflektiere:

- Welche Umgebung hast du in deiner inneren Welt erschaffen oder entdeckt? War es ein Wald, ein Strand oder etwas anderes?

- Was an diesem Ort hat dir geholfen, dich zu entspannen, und wie hat sich dein Körper dabei angefühlt?

- Wie hat sich dein Gefühl verändert, als du dir vorgestellt hast, dass die alte Gewohnheit des Nägelkauens verblasst und du sie loslässt?

9.2. Hypnose: Das innere Kino

Diese Hypnoseübung zielt darauf ab, dir im Vorfeld die Kontrolle über deine Hände zu geben und dich auf schwierige Situationen vorzubereiten. Je konkreter du dir diese Szenarien vorstellst, desto wirkungsvoller wird die Hypnose für dich sein.

Hypnose:
Bewältige herausfordernde Situationen

Finde einen Ort, an dem du ungestört bist und es dir bequem machen kannst. Setz dich oder lege dich hin, ganz so, wie es angenehm ist. Während du es dir gemütlich machst, lass alles um dich herum langsam leiser werden. Nimm wahr, wie die Geräusche immer weiter in den Hintergrund treten. Mit jedem Atemzug kannst du tiefer in die Ruhe eintauchen, während deine Umgebung immer weiter entrückt. Atme tief ein und nimm dabei frische, belebende Energie auf. Beim Ausatmen lass jede Anspannung und allen Stress einfach los. Spüre, wie dein Atem sanft durch deinen Körper fließt, wie eine leichte Brise, die durch die Bäume streicht. Die Geräusche um dich herum werden immer leiser und du kannst tiefer in deine Unterlage sinken.

Nach und nach entspannen sich deine Schultern und lassen sich fallen ... dein Nacken wird weich und locker ... deine Arme fühlen sich angenehm schwer und entspannt an. Dein ganzer Körper darf jetzt schwerer und schwerer werden, während du tiefer in die Ruhe sinkst. Spüre, wie deine Atmung immer leichter und natürlicher wird, und lass dich von ihr noch tiefer tragen, weiter in diese angenehme Entspannung, in der dich nichts stören kann.

Fühle nun in die Hände hinein. Sie liegen ruhig in deinem Schoß oder auf der Unterlage. Lass sie angenehm schwer werden und nimm ihre sanfte Wärme und Ruhe wahr. Deine Hände haben jetzt nichts zu tun, sie dürfen einfach ausruhen. Mit jedem Atemzug fließt mehr Ruhe in deine Hände, bis in jede Fingerspitze. Jede noch vorhandene Spannung löst sich auf, und jeder Drang, etwas zu tun, verschwindet und fließt mit dem Ausatmen davon.

Stell dir nun vor, du gehst einen Weg entlang und entdeckst vor dir eine Tür. Diese Tür führt dich in eine Welt, in der du ruhig und vollkommen bei dir und mit dir verbunden sein kannst. Hier hast du die Kontrolle über deine Gedanken, deine Gefühle und auch über deine Hände. Öffne diese Tür und tritt hindurch. Mit jedem Schritt wirst du ruhiger, sicherer und gewinnst immer mehr die Kontrolle über dich und deine Hände.

Du gehst weiter und es erscheint ein altes Kino vor dir. Es lädt dich ein, hineinzutreten. Die großen, verzierten Lettern über dem Eingang kündigen ein besonderes Stück an: Es handelt von deiner Zukunft, in der das Nägelkauen schon lange der Vergangenheit angehört. Siehst du das Plakat? Lies den Titel – es kann zum Beispiel heißen „Gepflegte schöne Hände für immer" oder „Endlich geschafft und frei". Du trittst ein und suchst dir einen bequemen Platz im Kinosaal, von dem du alles aufmerksam beobachten kannst.

Der Film beginnt. Auf der Leinwand siehst du dich in einer Situation, die du in der Zukunft erlebst. Du bist Schauspieler und Regisseur zugleich. Die Situation ist eine, die dir früher Schwierigkeiten gemacht hat. Neben dir können noch andere Akteure dabei sein. Du als Regisseur kannst ihnen Anweisungen geben, wie sie sich verhalten sollen, und der Film wird sich dadurch verändern.

Du siehst dich auf der Leinwand. Voller Selbstvertrauen bewegst du deine Hände ruhig und gestikulierst ganz frei. Und da ist nicht ein einziger Drang, an deinen Nägeln zu kauen. Es ist klar, dass eine neue Zeit begonnen hat. Alles Alte liegt hinter dir und die Veränderung hat sich längst in dir gefestigt.

Ruhig und gelassen kannst du dich auf der Leinwand in jeder Situation sehen und deine Hände und Finger sind locker, deine Atmung geht ruhig. Eine beruhigende Energie durchströmt deinen Körper und lässt jeden Druck und jede Spannung, einfach jeden Drang verschwinden.

Dein Atem ist ruhig, dein Herzschlag gleichmäßig, und deine Hände bleiben vollkommen ruhig und entspannt. Der Film nimmt eine Wendung: Was früher schwierig war, wird nun leichter und sogar gewöhnlich. Du bist der Gestalter der Szene ... und du hast Einfluss darauf, wie sie abläuft. Keine unbewussten Bewegungen mehr, keine inneren Impulse, die dich zum Nägelkauen bringen könnten. Du bist stark, sicher und bist vollkommen bei dir und mit dem, was dir wichtig ist, verbunden.

Jetzt nimm diese neue Erfahrung mit in dein reales Leben. Ganz gleich, welche Herausforderungen oder

Schwierigkeiten dir begegnen – du findest immer einen Weg, damit neu umzugehen. Jede Situation bringt eine neue Erfahrung. Du meisterst sie mit innerer Ruhe, Klarheit und Selbstsicherheit.

Fühle, wie stark dieses neue Selbstverständnis in dir gespeichert ist, besonders in Bezug auf deine Hände. Diese Erfahrung gehört dir und wird von nun an immer bleiben. Jederzeit kannst du auf sie zugreifen. Diese Stärke breitet sich in deinem gesamten Körper aus und schützt dich. Sie gibt dir die Gelassenheit, die du für jede Herausforderung brauchst.

Langsam ist es Zeit, wieder aus der Hypnose zurückzukehren. Atme dazu noch einmal tief ein und speichere alle wichtigen Eindrücke aus dieser Hypnose ab. Nimm sie mit und kehre wieder zurück in das Hier und Jetzt. Nimm wahr, wie dein Körper auf der Unterlage ruht. Mit jedem Atemzug wirst du wacher und präsenter. Wenn du so weit bist, öffne deine Augen.

Reflektiere:

- Wie hat es sich angefühlt, durch die Tür in die Welt zu treten, in der du die Kontrolle über deine Gedanken, Gefühle und Hände hast?

- Was hast du hinter dieser Tür erlebt?

- Als du den Film über deine Zukunft gesehen hast, welche Veränderungen hast du in dir wahrgenommen, die dir vorher vielleicht noch nicht bewusst waren?

- Was hat dir besonders geholfen, den Film zu gestalten? Welche Anweisungen hast du den anderen Akteuren gegeben, um die Szene so zu ändern, wie du es dir wünschst?

- Welche Bedeutung hatten die Filmtitel „Gepflegte schöne Hände für immer", „Endlich geschafft und frei" oder auch ein neu formulierter Titel für dich?

- Welche Wendungen hat der Film genommen, die dir gezeigt haben, dass du in Zukunft die Kontrolle über das Nägelkauen behältst?

9.3.   Hypnose: Positives Selbstbild

Diese Hypnose stärkt dein Selbstbewusstsein und hilft, eine positive Ausstrahlung zu entwickeln.

Hypnose:
Entwickle eine positive Ausstrahlung

Finde einen bequemen Platz, an dem du es dir gemütlich machen und dich entspannen kannst. Setze dich oder lege dich hin und komme langsam zur Ruhe ... Lenke deine Aufmerksamkeit nach innen. Jeder Atemzug hilft, mehr bei dir anzukommen. Atme ein ... und lass beim

Ausatmen alles los, was du nicht brauchst. Fühle, wie dein Körper leichter wird und gleichzeitig sicher und schwer in die Unterlage sinkt.

Mit jedem Atemzug nimmst du frische, klare Energie auf, die durch deinen ganzen Körper fließt. Während du ausatmest, gibst du alles ab, was dich belastet – Anspannung, Sorgen, Zweifel. Deine Atmung wird zu einem ruhigen, gleichmäßigen Rhythmus, der dich tiefer und tiefer in einen Zustand angenehmer Entspannung führt. Alles um dich herum verblasst, während du immer mehr in deine Welt eintauchst.

Stell dir vor, du stehst am Ufer eines ruhigen Flusses. Das Wasser fließt langsam vor dir, klar und beruhigend. Du hörst das leise Rauschen des Wassers, das über die Steine gleitet, und das Plätschern der kleinen Wellen, die das Ufer sanft umspülen. Über dir strahlt der Himmel blau ... Sanftes Licht umhüllt dich und die Natur beruhigt dich angenehm. Hier, an diesem friedlichen Ort, ist alles ruhig, und du fühlst dich vollkommen sicher und geborgen.

Nimm dir einen Moment Zeit, um das Wasser genauer zu betrachten. Der Himmel und die Bäume spiegeln sich in ihm. Im Wasser kannst du alles erkennen, so klar und rein ist es. Schau noch genauer hin ... siehst du, wie du dein eigenes Bild darin erkennen kannst? Du siehst dich selbst – in deiner stärksten Haltung, so richtig, selbstbewusst und kraftvoll. Dein Blick ist ruhig und klar wie das stille Wasser ... dein Körper strahlt diese unsagbare Kraft aus. Deine Haltung ist aufrecht, deine Bewegungen sanft und fließend ... ruhig und selbstbewusst zugleich.

Nun richte deine Aufmerksamkeit auf das, was du fühlst. Vielleicht spürst du eine innere Stärke, eine warme, angenehme Energie von Kopf bis Fuß. Diese Energie kann in jede Zelle deines Körpers fließen und dein Selbstbewusstsein stärken. Restunsicherheiten und -zweifel fallen nun von dir ab. Und das ist spürbar. Allmählich wird diese positive, kraftvolle Ausstrahlung auch von außen sichtbar.

Beobachte dich jetzt einmal von außen: Woran kannst du äußerlich erkennen, dass sich etwas positiv verändert hat? Woran merken Menschen, die dir nahestehen oder mit dir zusammenarbeiten, diese kraftvolle Veränderung? Sie festigt sich immer mehr und manifestiert sich in deinen gepflegten Fingernägeln und Händen. Betrachte dich weiter von außen und erlaube dir, dieses Bild immer klarer zu sehen. Lege jetzt eine Hand auf dein Herz oder eine andere Stelle deines Körpers, die sich gerade gut anfühlt. Vielleicht spürst du eine positive Energie der Veränderung. Selbstbewusstsein, innere Stärke und Gelassenheit begleiten dich auf deinem Weg und dein Unterbewusstsein speichert jede noch so kleine und große Veränderung in dir ab. Wann immer du diese Körperstelle berührst, erinnerst du dich daran. Wann immer du dieses Gefühl brauchst, kannst du es wieder spüren.

Wiederhole nun leise: „Ich bin ruhig und selbstsicher … ich strahle Stärke und Gelassenheit aus … ich bin stark und voller Vertrauen." Diese Worte können kraftvoll und hoffnungsvoll klingen, wenn du sie sagst. Jede Wiederholung verstärkt ihre Wirkung in deinem Inneren, und jede Zelle deines Körpers wird mit ihnen durchflutet.

Nimm alles mit in dein Leben. Du kannst sicher sein, nach und nach werden auch die Menschen um dich herum diese Energie wahrnehmen und sehen, wie sich dein neues Verhalten in deinen Händen und Fingernägeln zeigt. Du bist klarer denn je und hast dein Ziel vor Augen.

Wenn du bereit bist, komme langsam wieder zurück. Nimm alles mit, was du für die Veränderung brauchst. Dein Unterbewusstsein speichert alles für dich ab, damit es dich bei deinem Vorhaben unterstützt. Atme noch ein paar Mal tief ein und entspannt wieder aus. Beginne, deine Finger und Zehen zu bewegen, bewege deine Hände und Füße. Wenn du so weit bist, öffnest du langsam deine Augen.

Reflektiere:

- Wie war es, dein Spiegelbild zu sehen?

- Konntest du die innere Stärke und Ruhe spüren, als du deine Hand auf dein Herz gelegt hast?

- Wie stellst du dir vor, dass Menschen in deinem Umfeld auf deine neue Ausstrahlung reagieren?

Im nächsten Kapitel bekommst du Tipps, damit dein Erfolg langfristig bestehen bleibt und nachhaltig ist.

10. Strategien für langfristigen Erfolg

In diesem Kapitel gehe ich darauf ein, wie erzielte Erfolge von Dauer sein können. Du wirst lernen, Rückschläge auf dem Weg zum Ziel zu vermeiden oder mit ihnen umzugehen, wenn sie passieren. So können sich deine neuen und gesunden Gewohnheiten leichter in deinem Leben integrieren.

Warum du mit „Rückschlägen" nicht zurück, sondern vorfällst.

Es ist wichtig zu verstehen, dass Rückfälle ein natürlicher Teil des Veränderungsprozesses sind. Denke daran, sie sind kein Zeichen von Schwäche oder von Versagen. Du fällst mit ihnen nicht zurück, sondern sogar vor, weil sie dir eine Chance bieten, deine Strategien schnell weiter zu verfeinern. Du kannst einen „Rückschlag" sogar wie eine Art Ehrenrunde verstehen, bei der du wertvolle Einsichten für dein weiteres Handeln gewinnst.

Entwickle deinen persönlichen Notfallplan.

Für besonders herausfordernde Momente oder schwierige Situationen, die dein neues Verhalten gefährden könnten, kannst du einen Notfallplan entwickeln, damit du besser darauf vorbereitet bist, mit ihnen umzugehen.

Nimm dein Ergebnis des Selbsttests „Auslöser deines Nägelkauens" erneut zur Hand und schreibe die Situationen auf, die das Verlangen nach dem Nägelkauen verstärken könnten, und überlege, wie du ihnen in Zukunft begegnen möchtest.

Überlege dir konkrete Maßnahmen für diese Risikosituation. Sie sollten so gestaltet sein, dass sie leicht zugänglich und sofort umsetzbar sind, um dir schnell Stabilität und Sicherheit zu bieten und dich insgesamt zu beruhigen. Dies könnte eine kurze Atemübung sein, du könntest sofort aus der Situation gehen, dich an deine bisherigen Erfolge erinnern, mit einem Stressball spielen oder deine Hände an einen sicheren Ort bringen, wie in der Hosentasche oder auf deinem Schoß. Es kann hilfreich sein, einen Freund oder ein Familienmitglied einzuweihen, der dich in schwierigen Momenten unterstützt. Manchmal reicht ein kurzer Anruf oder eine Nachricht, um dich wieder zu erden und an deine Ziele zu erinnern.

Deine persönlichen positiven Affirmationen kannst du ebenfalls in stressigen Momenten leise wiederholen. Affirmationen wie

> *„Ich bin stark und widerstehe dem Drang"*

oder

> *„Ich bleibe ruhig und entspannt"*

können dir helfen, den Fokus zu bewahren. Schreibe sie in eine Notiz in dein Handy oder auf einen kleinen Zettel, den du beispielsweise immer im Geldbeutel dabeihast.

10.1. Zehn Notfallstrategien

Hier ist eine kleine Liste mit Notfallstrategien, die du sofort anwenden kannst. Diese Strategien sind leicht umsetzbar und du kannst sie auch unbemerkt in verschiedenen Situationen anwenden.

→ Atemübung

Führe eine kurze, bewusste Atemübung durch, um dich zu beruhigen. Atme tief durch die Nase ein, halte den Atem für drei Sekunden an und atme dann langsam durch den Mund aus. Wiederhole dies dreimal, um Stress oder Anspannung zu reduzieren.

→ Umfeld wechseln

Wenn möglich, verlasse den aktuellen Raum, die Situation, oder wechsle deine Umgebung. Ein kurzer Spaziergang an der frischen Luft kann Wunder wirken und den Fokus vom Nägelkauen weglenken.

→ Hände anders nutzen

Halte einen kleinen Gegenstand wie einen Stressball, Knete oder eine kleine Kugel in der Hand. Spiele damit und reduziere dadurch den Drang zu kauen.

→ Positive Affirmationen

Wiederhole positive Affirmationen wie die folgenden:

> *„Meine Nägel sind stark und gesund, weil ich sie mit Respekt behandle."*

> *„Meine Gedanken sind ruhig, meine Hände sind ruhig."*

→ Körperhaltung ändern

Ändere bewusst deine Körperhaltung. Setze dich aufrecht hin, lege die Hände flach auf den Tisch oder in den Schoß und konzentriere dich auf diese Haltung. Dies kann dir das Gefühl der Kontrolle zurückgeben.

→ Kaugummi kauen

Kaue einen zuckerfreien Kaugummi und lenke damit den Drang, an den Nägeln zu kauen, um.

→ Gedankenstopp-Technik

Sobald der Gedanke an das Nägelkauen aufkommt, sage dir innerlich „Stopp!". Visualisiere dabei ein Stoppschild oder eine rote Ampel, um den Impuls bewusst zu unterbrechen.

→ Handcreme auftragen

Trage eine duftende Handcreme auf deine Hände und Nägel auf. Führe die Bewegungen langsam und ruhig durch, spüre, wie sich dabei die Hände entspannen. Der Duft und die Pflege deiner Hände lenken vom Nägelkauen ab.

→ Kurze Meditation

Setze dich für eine Minute hin, schließe die Augen und konzentriere dich nur auf deinen Atem. Lass alle Gedanken los und kehre zu deinem Atem zurück, wenn du merkst, dass deine Gedanken abschweifen.

→ Kurze Bewegung

Stehe auf und mache ein paar einfache Dehnübungen oder schüttle deine Hände und Arme aus. Bewegung hilft, Spannungen abzubauen und den Fokus neu auszurichten.

Notfallstrategien sollen einfach und schnell umsetzbar sein. Mit ihnen kannst du die Kontrolle behalten und den Drang zum Nägelkauen überwinden. Du kannst auch verschiedene Strategien miteinander kombinieren.

Notfallplan – Beispiel:

→ Situation:

Stressiges Meeting bei der Arbeit.

→ Strategie:

Vor dem Meeting eine Atemübung durchführen und den Stressball griffbereit halten. Wenn der Drang kommt, den Stressball nutzen und ruhig atmen. Nach dem Meeting eine kurze Pause im Freien einlegen.

→ Affirmation:

> *„Ich bin ruhig und gelassen. Ich bleibe souverän und kontrolliert."*

→ Unterstützung:

Ein kurzer Anruf bei meinem Partner nach dem Meeting, um das Erlebte zu besprechen und mich zu beruhigen.

Mein Notfallplan:

Situation:

Strategie:

Affirmation:

Unterstützung:

Stärke dich mental und baue Vertrauen in deine Fähigkeiten auf

Ein Rückfall kann manchmal das Vertrauen in die eigene Fähigkeit, das Nägelkauen wirklich zu überwinden, schwächen. Um dein Vertrauen zu stärken, stell dir regelmäßig am Ende jedes Tages diese Fragen: Was hast du gut gemacht? Was war heute neu für dich? Sei dabei ehrlich und wohlwollend zu dir. Auch dafür lohnt es sich, das Übungstagebuch anzuwenden.

Ich möchte dich daran erinnern, dass du jeden Erfolg anerkennen darfst, egal, wie klein er scheinen mag. Jeder Schritt in Richtung Veränderung zählt und stärkt das Vertrauen in dich und deine Fähigkeiten. Mach dir immer wieder klar, wofür du diesen Weg gehst und warum du das Nägelkauen überwinden möchtest. Stell dir die Fragen: Welche positiven Veränderungen hast du bereits bemerkt? Was motiviert dich, weiterzumachen?

10.2. Integration in den Alltag

Wende die Hypnosen kontinuierlich und regelmäßig an, damit du auch in stressigen Momenten die Kontrolle behältst. Nimm dir nach jeder Übung einen Moment, um deine Fortschritte zu reflektieren und festzustellen, wie sich dein Verhalten, insbesondere in Bezug auf das Nägelkauen, im Laufe der Zeit verändert. Je mehr du übst, desto tiefer werden die Veränderungen in deinem Unterbewusstsein verankert und desto leichter wird es dir fallen, deine neuen Fähigkeiten im Alltag anzuwenden.

Hier noch ein paar Tipps

Nimm dir täglich Zeit für dich und dein Ziel. Reflektiere regelmäßig über deine Fortschritte und Herausforderungen. Notiere dir in deinem Übungstagebuch und/oder deinem Gewohnheitstracker, wie du dich in verschiedenen Situationen gefühlt hast und was dir am meisten geholfen hat. Diese Selbstreflexion ist entscheidend, um deine Entwicklung bewusst wahrzunehmen und zu steuern. Setze dir regelmäßige Check-ins, zum Beispiel einmal im Monat, um deinen Fortschritt zu messen, und überprüfe, ob du auf dem richtigen Weg bist. Diese regelmäßige Reflexion hilft dir, die positiven Veränderungen zu festigen und weiterzuwachsen.

Reflexionsfragen für den monatlichen Check-in

- In welchen Situationen hast du in den letzten Wochen bemerkt, dass du weniger den Drang hattest, an deinen Fingernägeln zu kauen?

- Wie hast du dich gefühlt, als du gemerkt hast, dass du die Kontrolle über deine Hände behalten konntest?

- Gibt es bestimmte Stresssituationen, in denen du stolz auf deine Fortschritte warst, besonders in Bezug auf das Nägelkauen? Warum?

- Was hat dir bisher am meisten geholfen, ruhig zu bleiben und nicht an deinen Nägeln zu kauen?

- Hast du Veränderungen bei deinen Händen und Fingernägeln bemerkt? Sind sie gesünder und gepflegter geworden?

- Welche Techniken aus der Hypnose und welche Hypnosen haben dir am meisten geholfen, deinen Drang zum Nägelkauen zu überwinden?

- In welchen Bereichen möchtest du noch weiter wachsen, um das Nägelkauen endgültig hinter dir zu lassen?

10.3. Hypnose: Vertrauen in deine Fähigkeiten

Du hast bereits viel darüber gelernt, wie du das Nägelkauen überwindest, und hast wichtige Fortschritte gemacht. In dieser Hypnose geht es darum, diese positiven Veränderungen dauerhaft in deinem Leben zu verankern. Du wirst neue Ideen und bewährte Strategien aus deinem bisherigen Leben nutzen, damit du auch in Zukunft stark bleibst und mit Vorfällen erfolgreich umgehen kannst.

Hypnose:
Erkenne deine Meilensteine

Mach es dir an einem ruhigen Ort bequem, an dem du dich sicher und wohl fühlst. Setze dich entspannt hin oder lege dich hin und schließe deine Augen. Beginne, tief und gleichmäßig zu atmen ... Einatmen ... und Ausatmen ... jeder Atemzug führt dich tiefer in einen Zustand der Ruhe und Gelassenheit. Dein Körper wird schwerer, deine Gedanken werden leichter, und alles um dich herum wird still. Du bist jetzt genau hier, in diesem Moment, bereit, all das, was du bereits erreicht hast, weiter zu festigen und langfristig zu bewahren.

Stell dir vor, du gehst von hier aus deinen Weg weiter, er führt dich in die Zukunft. Diesen Weg bist du schon teilweise gegangen und es ist für dich klar, dass du ihn weiter beschreiten möchtest. Er symbolisiert den Fortschritt und deine Bemühungen, das Nägelkauen endgültig hinter dir zu lassen. Gehe ein paar Schritte auf diesem Weg. Der

Weg ist von kleinen und großen Meilensteinen gesäumt. Hier gibt es Schilder am Wegesrand, auf denen Worte für dich stehen. Jeder Meilenstein steht für einen Erfolg, den du bereits erreicht hast, für jeden Moment, in dem du eine gesunde Entscheidung für dich, deine Hände und Fingernägel getroffen hast. Lass diese Meilensteine vor deinem inneren Auge aufleuchten und schau, was auf ihnen geschrieben steht. Vielleicht steht auf einem, wie die Anfangszeit für dich war, wie es dir gereicht hat und du dieses Buch gekauft hast. Womöglich steht da auch dein erster Moment, als du den Drang, an deinen Nägeln zu kauen, überwunden hast. Ich frage mich, wie zufrieden und stolz du bist, wenn du all die Meilensteine siehst und merkst, was du alles schon geschafft hast. Egal, wie schwierig es manchmal war, du bist weitergegangen und hast die alten Gewohnheiten allmählich hinter dir gelassen. Erinnere dich an diese Momente, fühle, wie sie dich auf dem Weg gestärkt haben. Diese Meilensteine sind Erinnerungen, und sie beweisen deine Fähigkeit, Veränderungen zu bewirken und beizubehalten.

Während du auf deinem Weg weitergehst, kannst du vor dir weitere Meilensteine sehen. Bleibe kurz stehen und sieh deine Hände an. Deine Fingernägel werden mit jedem Schritt gesünder und stärker, so wie du es dir immer gewünscht hast. Erinnerungen an frühere Zeiten, als das Nägelkauen eine Herausforderung war, verblassen jetzt in der Ferne. Du kannst förmlich spüren, wie jede Zelle in deinen Händen und Fingern mit neuer Energie und Vitalität durchströmt wird. All diese Meilensteine zeigen, dass dein Körper in der Lage ist, zu heilen, dass deine Nägel stark wachsen und deine neuen Gewohnheiten immer fester in deinem Leben verankert werden. Immer mehr wächst die Gewissheit darüber: Egal was ist oder kommt, du findest einen Weg, damit umzugehen. Rufe dir jetzt deinen persönlichen Notfallplan ins Gedächtnis – vielleicht ist es eine Atemübung, ein bewusstes Bewegen deiner Hände oder das Wiederholen einer positiven Affirmation. Vor deinem inneren Auge kannst du diese Strategien anwenden und beobachten, wie sie dir Ruhe und Sicherheit geben.

Jetzt nimm dir Zeit, dich an frühere Meilensteine in deinem Leben zu erinnern. Gibt es Zeiten, in denen du bereits schwierige Situationen erfolgreich gemeistert hast? Was hat dir damals geholfen? Welche inneren oder äußeren Ressourcen haben dich unterstützt? Vielleicht kommen dir Gedanken oder Bilder in den Sinn, die dir zeigen, dass du bereits die Kraft und das Wissen hast, um auch diese Veränderung erfolgreich zu gestalten und in deinem Leben zu integrieren. Nutze diese Erinnerungen an frühere Erfolge für deinen jetzigen Weg. Vielleicht gibt es auch neue Ideen und Wege, die dir helfen können, deine neuen Gewohnheiten noch besser zu festigen.

Während du weitergehst, wächst dein Vertrauen in dich. Du weißt, dass Rückschläge Vorfälle und Teil des Weges sind, aber du erkennst auch, dass du aus ihnen lernen und stärker hervorgehen kannst. Sie sind Gelegenheiten, dich weiterzuentwickeln. Erinnere dich auch, warum du diesen Weg gehst und was sich dadurch schon alles in deinem Leben positiv verändert hat. Stark gehst du deinen Weg weiter, entschlossen und bereit, weil du weißt, wofür sich jeder Schritt lohnt.

Nun beginne langsam zurückzukehren. Atme tief ein ... und aus ... und werde mit jedem Atemzug wieder wacher. Bewege deine Finger und Zehen, bewege die Hände und die Füße, die Arme und die Beine ... strecke und recke dich. Öffne deine Augen, wenn du so weit bist, und nimm das Vertrauen mit, dass du jede Herausforderung mit Selbstvertrauen schaffen wirst.

Reflektiere:

- Welche Meilensteine hast du gesehen? Gab es einen bestimmten Moment, der besonders wichtig für dich war?

- Welche Worte sind aufgetaucht, die dir geholfen haben, deine Fortschritte zu erkennen?

- An welche früheren Herausforderungen hast du dich erinnert, die dir gezeigt haben, dass du bereits erfolgreich schwierige Situationen gemeistert hast?

Du hast nun alles, was du brauchst, um auch in herausfordernden Momenten stark zu bleiben. Vertraue auf deine Fähigkeit, das Nägelkauen dauerhaft hinter dir zu lassen. Als zusätzlichen Schritt möchte ich dir jetzt noch einen besonderen Bonus an die Hand geben: vier spezielle Hypnosen, die deine bisherigen Erfolge vertiefen und deine neuen Verhaltensmuster weiter stärken.

11. Bonus: 4 Spezial-Hypnosen

Zum Abschluss dieses Buches möchte ich dir noch vier kraftvolle Hypnosen an die Hand geben. Diese Hypnosen sollen deine neuen Verhaltensmuster weiter festigen und dich unterstützen. Jede dieser Hypnosen hat einen besonderen Schwerpunkt und kann je nach deinen Bedürfnissen in verschiedenen Situationen eingesetzt werden. Sie helfen dir dabei, alte Muster loszulassen, dein Unterbewusstsein gezielt auf Veränderung auszurichten und deine Motivation zu stärken. Viele meiner Klienten haben speziell durch diese Hypnosen nachhaltige Erfolge erzielt. Nutze sie, um deine Fortschritte zu vertiefen und deine neuen Gewohnheiten dauerhaft zu verankern.

11.1. Hypnose: Reise in die Vergangenheit

In dieser Hypnose wirst du in die Zeit reisen, bevor das Nägelkauen begonnen hat. Dies erlaubt dir, dich mit den inneren Kräften und Ressourcen zu verbinden, die du bereits in dir trägst. Es ist nicht notwendig, dich bewusst an diese Zeit zu erinnern – dein Unterbewusstsein weiß, dass es sie gibt, und das genügt, um die wertvollen Ressourcen aus dieser Phase in dein heutiges Leben zu holen. Du wirst frühere Verhaltensweisen entdecken, die dir geholfen haben, Herausforderungen anders zu bewältigen.

Diese Fähigkeiten existieren immer noch in dir und können in der Hypnose reaktiviert werden. Es kann sinnvoll sein, diese Reise in die Vergangenheit mehrmals zu wiederholen, um neue Erkenntnisse, neue Perspektiven und Möglichkeiten zu entdecken, die dir helfen, den Veränderungsprozess noch weiter zu verstärken.

Hypnose:
Verbinde dich mit deinen inneren Kräften und Ressourcen der Vergangenheit

Suche dir einen ruhigen Ort, an dem du ungestört sein kannst. Setze oder lege dich hin, ganz, wie es für dich am angenehmsten ist. Diesen Moment hast du ganz für dich. Nimm dir die Zeit, in der du alles, was dich im Alltag beschäftigt, loslassen kannst. Du musst jetzt nichts tun, außer hier zu sein.

Atme tief ein und erlaube deinem Atem, langsam und kraftvoll durch deinen Körper zu fließen. Fülle deine Lunge mit frischer Luft und lasse beim Ausatmen Anspannung los. Spüre, wie dein Körper dabei beginnt zu entspannen und wie Anspannung langsam von dir abfällt. Jeder Atemzug bringt dich tiefer und tiefer in einen Zustand der Ruhe. Dein Körper kann sich immer schwerer anfühlen und in deine Unterlage sinken ... als ob er ganz sanft von ihr und der Erde getragen wird, sicher und geborgen. Mit jedem weiteren Atemzug sinkst du noch tiefer in diesen entspannten Zustand. Alle Geräusche um dich herum werden unwichtiger und verblassen. Alles, was dich bisher beschäftigt hat, darf nun beiseitetreten und dir einen neuen Raum voller Wohlgefühl und Entspannung öffnen.

Du kannst dich diesem Moment ganz hingeben und deine Muskeln können sich entspannen: deine Schultern, dein Nacken, dein Gesicht und deine Hände. Deine Hände können schwer werden und ganz ruhig auf deinem Schoß oder auf der Unterlage liegen ... ganz ohne Druck, fast entspannt oder vollkommen entspannt. Deine Hände dürfen einfach sein, sie müssen nichts tun. Du bist jetzt in einem Zustand, in dem du dich ganz auf deine innere Welt konzentrieren kannst, auf das, was in dir vorgeht.

Ich lade dich jetzt ein, eine Reise in die Vergangenheit zu machen. Eine Reise zurück in die Zeit, bevor du angefangen hast, an den Nägeln zu kauen. Diese Zeit existiert in dir, auch wenn du dich vielleicht bewusst nicht mehr genau an sie erinnern kannst. Dein Unterbewusstsein weiß jedoch, dass es sie gibt, und erinnert sich an jeden einzelnen Moment. Du darfst darauf vertrauen, dass dich dein Unterbewusstsein sicher in diese Zeit zurückführt.

Nun stell dir einmal vor, du gehst durch einen langen, ruhigen Gang in einem Haus, das mit Erinnerungen deines Lebens geschmückt ist. Rechts und links an den Wänden hängen eingerahmte Fotografien. Du erkennst sie, denn sie sind allesamt besondere Momente deines Lebens. Der Boden trägt dich sanft und fühlt sich angenehm unter deinen Füßen an. Womöglich spielt hier auch deine ganz persönliche Lieblingsmusik im Hintergrund ... Leise hörst du auch das Geräusch deiner Schritte.

Alles ist so vertraut hier, und je länger du gehst, umso vertrauter ist dieser Gang. An seinem Ende erkennst du schon von Weitem einen Fahrstuhl. Und als du näher kommst, öffnet er sich. Dieser Fahrstuhl bringt dich in diese vergangene Zeit zurück. Wenn du vor ihm angekommen bist, bleibe stehen und nimm dir einen Moment Zeit, bis du spürst, dass du bereit bist, einzusteigen und herauszufinden, was du entdecken wirst. Dann kannst du eintreten und der Fahrstuhl fährt los.

Siehst du, wie die Zahl des Stockwerkes aufleuchtet? Hier darfst du aussteigen. Der Fahrstuhl öffnet sich in einer Zeit, in der du keine Gedanken an deine Fingernägel verschwendet hast. Schau hinaus, wo bist du angekommen? Du findest dich an einem Ort wieder, den du kennst. Das kann dein Elternhaus sein, ein Zimmer aus deiner Kindheit oder ein anderer Ort, der dir wichtig war. Es kann auch ein Ort sein, den du zuvor noch nie bewusst wahrgenommen hast, der sich aber dennoch vertraut anfühlt. Nimm dir einen Moment Zeit, um deine Umgebung wahrzunehmen. Nun steige aus. Was siehst du? Welche Farben, welche Formen fallen dir auf? Spüre den Boden unter deinen Füßen und die Luft um dich herum. Es kann hier auch bestimmte Gerüche oder Geräusche geben, die du wahrnimmst – alles ist möglich, alles darf da sein.

Nun lenke deine Aufmerksamkeit auf deine Hände. In dieser Zeit, bevor du angefangen hast, an deinen Nägeln zu kauen, hast du deine Hände anders benutzt. Sie sind entspannt und du beachtest sie gar nicht besonders. Deine Fingernägel sind gesund und sie wachsen ganz natürlich, ohne dass du darüber nachdenken musst. Du lässt sie einfach wachsen, weil es nichts gibt, das dich dazu bringen könnte, daran zu kauen.

Wie alt bist du in dieser Erinnerung? Was tust du in diesem Moment? Ich kann mir vorstellen, dass du dich mit etwas ganz anderem beschäftigst, wie mit einem Hobby oder einer Tätigkeit, die dir Freude bereitet. Beobachte, wie du in dieser Zeit anders mit deinen Händen umgehst. Wie gepflegt sehen deine Fingernägel aus? Spüre, wie sich deine Hände anfühlen – ruhig, entspannt, ganz in ihrer natürlichen Funktion.

Lass dich tiefer in diese Erinnerung sinken. Was machst du anders und wie gelingt es dir, die Fingernägel in Ruhe zu lassen? Gibt es Dinge in deinem Leben, die dir so wichtig sind, dass sie dich davon ablenken oder abhalten, an den Fingernägeln zu kauen? Bist du in der Schule oder spielst du draußen? Oder bist du in ein Buch vertieft? Deine Hände sind immer bei dir, aber sie erfüllen ihre Aufgaben, ohne dass du ihnen zu viel Aufmerksamkeit schenken musst.

Erlaube dir, in diesem Moment zu verweilen und alle Details wahrzunehmen. Nutze all deine Sinne: Was hörst du in dieser Zeit? Gibt es Stimmen, Musik oder Naturgeräusche? Welche Gerüche umgeben dich oder gibt es einen vertrauten Geschmack auf deinen Lippen? Etwas, das du mit dieser Zeit verbindest. Lass alle Eindrücke auf dich wirken und nimm wahr, wie natürlich und ruhig deine Hände in dieser Erinnerung sind.

Nun frage dich: Was möchtest du aus dieser Zeit in dein heutiges Leben mitnehmen? Welche Fähigkeiten und Ressourcen, die du damals hattest, könnten dir heute helfen? Nimm dir einen Moment, um darüber nachzudenken, was du aus dieser Zeit für dich gewinnen kannst.

Nun stell dir vor, dass du deinem jüngeren Selbst begegnest. Du kannst dich selbst von außen als jüngeren Menschen sehen und beobachten. Ich frage mich, ob du mit ihm ins Gespräch kommen könntest. Ob dir dein jüngeres Ich etwas für deinen Veränderungswunsch heute raten kann? Vielleicht kann es einen wichtigen Tipp geben, an den du noch nicht gedacht hast und den dir nur dein jüngeres Ich geben könnte. Etwas, das dir helfen könnte, heute wieder so mit deinen Händen umzugehen, wie du es damals ganz natürlich und von selbst getan hast? Dafür kann ein Blick, eine Geste oder ein Gefühl reichen, um dir zu zeigen, was du brauchst.

Verweile noch einen Moment bei deinem jüngeren Ich. Hier ist die Verbindung zwischen früher und heute deutlich spürbar. Alles, was du damals schon konntest, ist immer noch in dir. Dein Unterbewusstsein hat all diese Ressourcen gespeichert, und sie stehen dir jetzt wieder zur Verfügung.

Bedanke dich bei deinem jüngeren Ich und würdige diese Begegnung. All das, was du in dieser Hypnose erlebt hast, kannst du in dein heutiges Leben mitnehmen. Wenn du so weit bist und alles erfahren hast, was für heute wichtig ist, kehre wieder zurück zu dem Fahrstuhl. Er bringt dich wieder sicher zurück an den Ausgangspunkt deiner Reise. Zurück zu dem Haus, das voller Erinnerungen von dir ist. Deine Ressourcen sind immer da, und du kannst jederzeit auf sie zugreifen, und sie werden dich bei deinem Vorhaben unterstützen. Nimm alles mit in dein Leben und komme langsam zurück. Atme ein paar Mal bewusst tiefer und werde wacher und wacher. Dein Körper kann sich leichter anfühlen. Bewege dich immer mehr und strecke und recke dich und öffne dann deine Augen.

Reflektiere:

- Welche Erinnerungen oder Momente sind dir während der Hypnose in den Sinn gekommen?

- Wie hast du dich in der Vergangenheit gefühlt, als du deine Hände in Ruhe gelassen hast?

- Welche Aktivitäten oder Gedanken haben dich damals vom Nägelkauen abgehalten?

- Welche Fähigkeiten oder Ressourcen aus dieser Zeit könntest du heute wieder nutzen?

- Gab es eine besondere Botschaft oder einen Tipp, den dir dein jüngeres Selbst gegeben hat?

- Wie kannst du die positive Energie und Gelassenheit aus der Vergangenheit in deinen heutigen Alltag integrieren?

- Welche neuen Einsichten hast du über dein heutiges Verhalten gewonnen?

11.2. Hypnose: Reise in die Zukunft

In dieser Hypnose wirst du eine Reise in die Zukunft unternehmen und eine Zeit erleben, in der das Nägelkauen bereits der Vergangenheit angehört. Du wirst sehen, wie deine Fingernägel gesund und gepflegt nachgewachsen sind und welche positiven Veränderungen dies in deinem Leben bewirkt hat. Denn schöne und gepflegte Fingernägel haben Einfluss auf das eigene Empfinden und Verhalten und sogar darauf, wie deine Umgebung auf dich reagiert. Diese Reise ermöglicht dir, dir dein Ziel lebendig vorzustellen, damit du spürst, dass du es auch erreichen kannst. Dein Unterbewusstsein wird dies verankern und dir helfen, alle wichtigen Schritte auf deinem Weg im Hier und Jetzt umzusetzen.

Hypnose:
Reise in die Zukunft und spüre, dass du deine Ziele erreichen kannst

Nimm bequem Platz und mach es dir gemütlich. Du kannst eine Decke über dich legen und dich entspannt zurücklehnen. Gönne dir diesen Moment, denn er gehört ganz und nur dir. Es ist deine Zeit, um dich zu entspannen und dich auf deine Reise zu begeben. Nimm einen tiefen Atemzug durch die Nase und lasse die Luft langsam und gleichmäßig durch den Mund wieder ausströmen. Lass dabei mit jedem Atemzug etwas mehr Anspannung los. Atme nun etwas langsamer und tiefer als gewöhnlich und schließe beim nächsten Ausatmen deine Augen. Mit jedem Ausatmen löst sich all das, was du jetzt nicht mehr brauchst ... Stress, Anspannung oder Gedanken, die dich beschäftigen. Mit jedem Ausatmen lässt du mehr los und kannst dich freier und leichter fühlen. Wiederhole dieses tiefe und ruhige Atmen noch ein paar Mal und erlaube deinem Körper, tiefer in die Entspannung zu sinken.

Jetzt erlaube dir, ein klares Bild von deinen Händen und Nägeln zu erschaffen ... genau so, wie du sie dir immer gewünscht hast. Sieh sie vor deinem inneren Auge, so, als ob du ein Foto oder ein Video betrachtest. Deine Hände sind gesund, deine Nägel gepflegt und stark, die Nagelhaut ist weich und glatt, und die Haut um die Nägel herum hat eine gesunde, rosige Farbe. Es gibt keine Rötungen, keine Spannungen ... nur das Gefühl gesunder, natürlicher Nägel. Deine Finger fühlen sich angenehm an, vielleicht sogar so, als wären sie von einer sanften, heilenden Energie umgeben.

Nimm dir Zeit, dieses Bild deutlich in dir entstehen zu lassen. Es ist ein gutes Gefühl, zu wissen, dass du diese Veränderung herbeigeführt hast. Die Blicke anderer auf deine Hände fühlen sich jetzt sogar angenehm an und erinnern dich daran, wie weit du gekommen bist.

Nun möchte ich dich mit in die Zukunft nehmen. Stell dir vor, du reist durch die Zeit, wie in einem schnellen Licht- oder Zeitstrahl. Du wirst sicher in eine Zukunft geführt, in der deine Hände schon genau so gepflegt sind. Deine Fingernägel sind stark und wachsen gesund. In den vergangenen Wochen und Monaten bist du mit jedem Tag stolzer geworden, wenn du deine Hände und Nägel angeschaut hast. Und jetzt bist du hier und merkst, dass deine

Reise zu schönen Fingernägeln erfolgreich war. Von hier kannst du zurückblicken und erkennen, dass deine Nägel sich erholt haben und stärker geworden sind, als du es je für möglich gehalten hast.

Jetzt stell dir dein zukünftiges Ich von außen betrachtet vor. Sieh dir deine Hände und Nägel genau an, beobachte, wie sie sich ganz natürlich und frei bewegen. Welche kleinen Gesten machst du jetzt, die du früher nicht gemacht hast, weil du dich vielleicht nicht getraut oder dich für deine Fingernägel geschämt hast. Vielleicht lächelst du auch, während du die Hände ansiehst? Nimm dir Zeit, um all das wahrzunehmen. Betrachte dich, als würdest du in einen Spiegel schauen, und nimm jedes Detail wahr. Vielleicht trägst du etwas Besonderes, das deine Hände betont – eine schöne Uhr, einen Ring oder einen anderen Schmuck. Es ist so angenehm, deine Hände in dieser gesunden, gepflegten Form zu sehen. Jetzt wechsle die Perspektive nach innen. Wie fühlt es sich an, deine Hände von innen heraus anzuschauen? Ich kann mir vorstellen, dass es sich natürlich anfühlt, starke und gesunde Fingernägel zu haben. Es ist ein befreiendes Gefühl, das Nägelkauen hinter dir gelassen zu haben.

Und das zeigt sich auch in alltäglichen Situationen, wenn du mit Herausforderungen konfrontiert wirst. Was tun deine Hände, wenn du gestresst bist? Sie bleiben ruhig und entspannt. Und selbst in stressigen Momenten findest du neue Wege, damit umzugehen. Dein Unterbewusstsein hat gelernt, dass du deine Nägel nicht mehr brauchst, um Anspannung zu bewältigen. Du brauchst deine Hände nicht mehr, um dich und deine Gefühle zu regulieren.

Während sich dieses Bild in dir festigt, möchte ich dich fragen, ob es eine Farbe für dich gibt, die zu diesem Bild passt. Vielleicht symbolisiert sie Gefühle wie Stolz, Freude oder deine Veränderung. Womöglich findest du auch eine Musik? Lass die Farbe leuchten und die Musik in dir erklingen. Wenn es einen Duft gibt, der dazu passt, kannst du dir vorstellen, wie du ihn riechst und tief in dir aufnimmst. All das steht für das Gefühl: „Ja, ich habe es geschafft."

Deine Hände bewegen sich ganz natürlich weiter und deine Umgebung reagiert darauf. Ist es nicht interessant, zu sehen, wie andere Menschen dein zukünftiges Ich jetzt wahrnehmen? Wie wirken deine neuen, gesunden Nägel auf dein Umfeld? Ganz natürlich, frei und selbstbewusst bewegst du dich und deine Hänge in alltäglichen Situationen.

Langsam ist es Zeit, mit all den stärkenden, positiven Eindrücken und Bildern in die Gegenwart zurückzukehren. Dein Unterbewusstsein hat all diese Eindrücke fest gespeichert, und sie werden dich ab jetzt begleiten. Du weißt, dass du auf dem richtigen Weg bist und deine Nägel heilen. Mit jedem Tag wird deine Vision zur Realität.

Diese Erfahrungen beginnen, sich tief in dir zu festigen. Die Bilder, die du in der Zukunft gesehen hast, wirken nicht nur dort, sondern sie beginnen schon jetzt. Diese Bilder unterstützen dich auf unbewusster, bewusster und körperlicher Ebene. Dein heutiges Ich lernt von den Erfahrungen deines zukünftigen Ichs und bewegt sich weiter in die Richtung, in der deine Nägel so stark und gepflegt sind.

So wie du bereits in der Vergangenheit positive Veränderungen erlebt hast, kann auch die Reise in die Zukunft bei jeder Wiederholung neue Einsichten bringen. Die Vision von gesunden Nägeln und ruhigen Händen unterstützt dich auf diesem Weg, und dein Unterbewusstsein speichert die positiven Bilder aus der Zukunft für dich ab.

Nimm nun einige tiefere Atemzüge und kehre langsam wieder ins Hier und Jetzt zurück. Dein Körper wird wacher und du kannst deine Finger, deine Hände und auch deine Füße bewegen. Und wenn du so weit bist, öffne langsam deine Augen. Nimm deine Umgebung wieder bewusst wahr.

Reflektiere:

- Wie hast du dich und deine Hände und Nägel während der Reise in die Zukunft wahrgenommen?

- Welche neuen Bewegungen oder Gesten hast du bemerkt, die du jetzt mit deinen Händen machst, die du früher nicht gemacht hast?

- Gab es eine bestimmte Farbe, einen Duft oder eine Musik, die du gesehen hast?

- Wie reagiert dein Umfeld in deiner Zukunftsvision?

11.3. Hypnose: Kraft der Selbstheilung

In dieser Hypnose wirst du die Kraft der Selbstheilung aktivieren. Dein Unterbewusstsein wird sich auf Heilung und Regeneration deiner Hände und Fingernägel konzentrieren und deinem Körper die Impulse geben, die er dafür braucht. Diese Hypnose richtet deinen inneren Blick auf die natürliche Fähigkeit deines Körpers, sich selbst zu heilen. Durch die Visualisierung von Heilung verankert dein Unterbewusstsein diese positiven Bilder tief in dir und du kannst erleben, wie sich deine Nägel regenerieren und gesünder und kräftiger werden. Dein Unterbewusstsein speichert alle Eindrücke, die du während der Trance erlebst, als real ab, was es deinem Körper ermöglicht, Heilung auf einer tiefen, unbewussten Ebene zu erfahren.

Hypnose:
Aktiviere und stärke deine Selbstheilung

Finde einen bequemen Platz, an dem du dich für die nächsten Minuten entspannen kannst. Setze oder lege dich hin und nimm dir jetzt Zeit für dich. Atme tief durch die Nase ein, fülle deine Lunge mit frischer und reiner Luft und atme langsam durch den Mund wieder aus. Mit jedem Ausatmen lässt du Spannungen, Gedanken und Stress los. Alles, was dich gerade beschäftigt, darf jetzt in den Hintergrund treten und für deine Erfahrung mit Hypnose Platz machen. Dein Körper wird mit jedem Atemzug schwerer und sinkt tiefer in die Unterlage. Atemzug für Atemzug breitet sich mehr Ruhe in dir aus, und dein Atem fließt ruhig und gleichmäßig. Dein ganzer Körper kommt immer mehr zur Ruhe. Deine Atmung führt dich in diesen Zustand der Entspannung. Mit jedem Atemzug sinkst du tiefer und tiefer und lässt alles los, was jetzt nicht wichtig ist. Dein Körper entspannt sich immer mehr, wird schwerer und lässt dich sicher und ruhig tiefer tragen. Allmählich lösen sich die Muskeln in deinen Fingern, deinen Händen, deinen Armen, in deinem Nacken, deinem Gesicht, und die Entspannung breitet sich über deinen gesamten Körper aus. Deine Finger und Hände sind jetzt völlig entspannt. Sie müssen nichts tun, sie dürfen einfach in dieser Ruhe verweilen.

Nun erlaube dir, ein Bild voller Entspannung in dir entstehen zu lassen. Stell dir einen friedvollen Ort in der Natur vor: einen sonnigen Strand, einen blühenden Frühlingsgarten oder eine ruhige Berglandschaft. Dies kann ein Ort sein, den du kennst, oder ein Ort, den du dir vorstellst. Er kann auch in diesem Moment aus deiner Fantasie entstehen. Die Sonne scheint sanft und warm, eine leichte Brise weht, und du spürst den Duft von Blumen oder frischem Gras in der Luft. Dies ist dein persönlicher Rückzugsort, an dem du vollkommen sicher und geborgen bist. Nimm dir einen Moment Zeit, um diesen friedvollen Ort mit allen Sinnen wahrzunehmen ... die Farben, die Geräusche, die Gerüche und die angenehme Wärme auf deiner Haut.

Dein Körper entspannt sich und es breitet sich Ruhe in dir aus. Hier fließt eine besondere Energie. Sie umgibt dich und beginnt, dich sanft zu berühren. Diese Energie ist voller Kraft und Heilung und wird mit jedem Atemzug von deinem Körper aufgenommen. Sie strömt von deinen Füßen hinauf bis in deine Fingerspitzen. Diese heilende Energie erreicht deine Hände und Finger und berührt sie sanft und wohltuend. Vielleicht magst du dir diese Energie wie ein Licht vorstellen, das in deine Hände und Finger fließt. Dieses Licht kann auch eine Farbe haben, die für dich Heilung und Ruhe symbolisiert.

Das Licht durchströmt jede Zelle, jede Faser deiner Hände und Nägel. Beobachte, wie sich deine Nägel verändern und wie sie immer stärker, gesünder und schöner werden. Das Licht umhüllt deine Finger liebevoll und treibt die Heilung voran. Die Haut um deine Nägel wird weich und geschmeidig, rote Stellen verschwinden, und deine Fingerspitzen fühlen sich zart und angenehm an. Deine Nägel beginnen zu wachsen und werden gesund. Du kannst fast sehen, wie sie in einem Zeitraffer von Tag zu Tag stärker und gesünder werden. Du bist jetzt frei von jedem Drang, deine Finger zum Mund zu führen und daran zu kauen. Es erscheint immer weniger wichtig, und stattdessen fühlst du dich stolz und erleichtert, wie stark und gepflegt deine Hände nun sind.

Erlaube dir, dieses Gefühl der Heilung und Veränderung voll und ganz wahrzunehmen. Freude und Erleichterung können da sein. Dein Körper kann sich selbst heilen und dein Unterbewusstsein unterstützt diesen Prozess, indem es die Heilung tief in dir verankert.

In Gedanken kannst du einige positive Worte formulieren und diese Energie verstärken. Sätze wie: „Ich liebe mich und nehme mich so an, wie ich bin", „Meine Nägel sind stark und gesund", oder „Ich bin bereit für Heilung und Veränderung". Diese Worte festigen die positive Veränderung in deinem Unterbewusstsein. Alles in dir reagiert auf diese Worte und es macht sich eine tiefe Zufriedenheit in dir breit.

Dieses heilende Licht bleibt bei dir, umhüllt deine Hände, Nägel und Finger und wird dich von nun an in deinem Alltag begleiten. Es schützt dich und stärkt dich Tag für Tag. Vielleicht möchtest du dieses heilende Licht auch auf andere Bereiche deines Lebens lenken, Bereiche, in denen du ebenfalls Heilung oder Veränderung brauchst. Lass diese Energie dorthin fließen, wo sie gebraucht wird. Sie darf deine Nägel heilen und auch andere Aspekte deines Lebens unterstützen. Auf allen Ebenen deines Seins darfst du heilen und wachsen.

Bleibe noch einen Moment bei diesem wohltuenden Gefühl. Es wird zu einem festen Bestandteil deines Inneren. Erinnere dich daran, dass du jederzeit an diesen Ort der Heilung zurückkehren kannst, wann immer du es möchtest. Dein Unterbewusstsein hat all diese positiven Eindrücke gespeichert und wird sie in den kommenden Tagen und Wochen in deinem Alltag verankern.

Jetzt ist es Zeit, langsam wieder ins Hier und Jetzt zurückzukehren. Nimm einige tiefere Atemzüge und nimm die neue Kraft und Energie in deinem Körper mit. Bewege sanft deine Finger, deine Hände, deine Arme und Beine. Strecke dich, wenn du möchtest, und öffne dann langsam deine Augen, wenn du bereit bist. Nimm deine Umgebung wieder wahr ... ruhig und erfrischt fühlst du dich und bist für alles bereit, was dir das Leben bringen mag.

Reflektiere:

- Wie haben sich deine Fingernägel während der Hypnose verändert? Konntest du sehen, wie deine Nägel gesünder, stärker und länger wurden?

- Welche Farbe oder Form hat das heilende Licht in deinen Händen und Fingernägeln angenommen?

- Wie hat dein Unterbewusstsein die Heilung deiner Nägel während der Trance unterstützt?

- Wie hat sich das Gefühl der Entspannung in deinen Händen und Fingern während der Hypnose verstärkt?

- Wie wirst du diese heilende Energie in den nächsten Tagen weiterhin nutzen, um deine Nägel gesund zu halten?

11.4. Hypnose: Blockaden überwinden

In dieser Hypnose wirst du die Kraft der Selbstheilung und des Wachstums auf eine neue, symbolische Weise erleben. Du kannst Blockaden, die dich bisher vielleicht zurückgehalten haben, mit dem Nägelkauen aufzuhören, überwinden und dabei innere Stärke und Zuversicht finden. Die Transformation deiner Fingernägel wird auf einer tiefen, unbewussten Ebene natürlich unterstützt, um sich selbst zu regenerieren und zu wachsen. Die Hypnose schafft Raum für die natürliche Entwicklung und Heilung deiner Nägel, und Vertrauen, Fürsorge und Geduld werden Blockaden auflösen, um eine neue Phase der Veränderung einzuleiten.

Hypnose:
Überwinde Blockaden und richte deinen Blick auf innere Fürsorge und Wachstum

Mach es dir so richtig bequem und lehne dich entspannt zurück. Finde eine Position, in der du ganz zur Ruhe kommen kannst. Dein inneres Selbst weiß bereits, dass du dich jetzt auf eine angenehme und entspannende Reise begeben wirst. Nimm dir einen Moment Zeit, um deine Atmung zu spüren. Atme tief durch die Nase ein und lass die Luft dann langsam und gleichmäßig durch den Mund wieder hinausströmen. Jedes Ausatmen erlaubt dir, mehr und mehr loszulassen. Alles, was dich gerade noch beschäftigt hat, darf in dieser Zeit in den Hintergrund treten. Sinke tiefer in einen Zustand der Entspannung hinein und atme ruhig und gleichmäßig weiter. Dein Körper entspannt sich immer mehr und dein ganz natürlicher Atemrhythmus trägt dich tiefer in eine so angenehme Ruhe. Jedes Mal, wenn du einatmest, breitet sich eine wohltuende Ruhe in dir aus, und jedes Mal, wenn du ausatmest, sinkst du tiefer und tiefer in diesen angenehmen Zustand, in dem alles Unwichtige entrückt und du ganz bei dir ankommen kannst. Dein Körper wird schwerer und auch entspannter, sicher getragen von der Unterlage, auf der du sitzt oder liegst.

Während du tiefer hineinsinkst, möchte ich dich bitten, dir vorzustellen, dass du in deinen Händen ein kleines, wundersames Samenkorn hältst. Es ist ein winziges Korn, aber in ihm stecken bereits das gesamte Wissen und die gesamte Information, um zu einer kräftigen Pflanze heranzuwachsen. Es mag so klein wirken, doch es trägt das Potenzial, zu gedeihen und stark zu werden, schon jetzt in sich.

Schaue dir das Samenkorn genau an. Fühle es zwischen deinen Fingern, spüre seine glatte Oberfläche und seine Festigkeit. Es ist klein und so vollkommen. Es ist bereit, sich zu entfalten und zu wachsen. Etwas in dir sagt dir, dass du die Kraft hast, ihm alles zu geben, was er braucht, um eine prächtige Pflanze zu werden. Du trägst die Verantwortung in deinen Händen und das tiefe Vertrauen, dass dieses Samenkorn das Potenzial hat, sich zu etwas Wundervollem zu entwickeln ... genauso, wie auch in dir das Potenzial liegt, zu wachsen und dich zu verändern.

Finde nun einen schönen Platz in der Natur, an dem du dieses Samenkorn einpflanzen kannst. Es könnte ein sonniger Garten sein, ein friedlicher Wald oder vielleicht ein Platz, den du dir in deiner Fantasie erschaffen möchtest. Überall um dich herum findest du Licht, frische Luft und weiche, fruchtbare Erde. Und das ist genau das, was das Samenkorn benötigt, um zu keimen und zu wachsen. Nimm dir einen Moment Zeit, um diesen Ort in deiner Vorstellung zu entdecken. Spüre die Sonne auf deiner Haut und höre das leise Rauschen des Windes in den Bäumen. Dieser Ort ist voll von Leben und Energie und er wartet nur darauf, dass du dein Samenkorn hier pflanzt.

Du findest diesen einen perfekten Platz, um das Samenkorn zu pflanzen. Forme mit deinen Fingerspitzen eine kleine Kuhle in der Erde. Ganz behutsam kannst du das Samenkorn hineinlegen und es vorsichtig mit Erde bedecken. Spüre dabei, wie sanft deine Hände die Erde berühren. Während du das Samenkorn mit deinen Fingerspitzen in die Erde legst, kannst du die Verbundenheit zwischen dir und diesem winzigen Leben spüren. Du begleitest es mit Fürsorge und Geduld. Genau wie das Samenkorn wächst und gedeiht, wirst du auch in dir selbst wachsen. Alles, was du der Erde schenkst, jede noch so kleine liebevolle Berührung, ist ein Zeichen der Hingabe, die du auch dir selbst und deiner eigenen Heilung schenkst.

Beginne nun damit, den Samenkorn zu gießen. Gib ihm, was er zum guten Wachstum braucht, damit er zu einer wunderschönen, gesunden Pflanze heranwachsen kann.

Beobachte, wie das Wasser in die Erde sickert und den Samen umhüllt. Jetzt kann er beginnen, sich zu entfalten. Beobachte, wie der Samen anfängt zu keimen. Er öffnet sich langsam, ganz zart, und kleine Wurzeln beginnen, sich in der Erde auszubreiten. Der Keimling wächst langsam und stetig aus der Erde heraus. Zuerst ist er noch schwach und zerbrechlich, aber mit der Zeit wird er kräftiger und stärker. Die Wurzeln graben sich tiefer in die Erde, finden Halt und Nahrung, während der Keimling sich dem Licht entgegenstreckt.

Beobachte, wie die Pflanze langsam aus der Erde kommt und zu etwas Neuem und Starkem heranwächst. Mit jeder Wurzel, die sich in die Erde gräbt, vertiefst auch du deine Verbindung zu deinem inneren Selbst, zu deiner Stärke und deinem Potenzial. Genau wie die Pflanze wirst du von innen heraus gestärkt. Spüre den Stolz, der in dir aufsteigt, wenn du siehst, wie das Leben, das du gepflanzt hast, sich entfaltet. Erkenne, dass diese Hingabe und Sorgfalt, die du der Pflanze schenkst, auch die Hingabe ist, die du dir selbst und deiner Heilung schenkst.

Und du hast es in der Hand, dich um die Pflanze zu kümmern. Gib ihr regelmäßig Wasser und sorge dafür, dass sie alles hat, was sie braucht. Du spürst, wie viel Freude es dir bereitet, diese Pflanze wachsen zu sehen. Mit deiner Fürsorge und mit jedem Tropfen Wasser, den du ihr gibst, wächst die Pflanze ein wenig mehr. Sie wird kräftiger und ist gesund, und du kannst den Unterschied spüren, den deine Fürsorge ausmacht. Du siehst, wie die Blätter sich entfalten, wie der Stängel sich immer mehr aufrichtet und wie aus dem kleinen Keimling eine starke, gesunde Pflanze wird.

Nun stell dir vor, dass die Pflanze so weit gewachsen ist, dass es an der Zeit ist, sie zu pflegen. Du nimmst behutsam eine Schere und schneidest die Pflanze an einigen Stellen zurück, damit sie noch gesünder und kräftiger wächst. Wenn du die Pflanze vorsichtig zurückschneidest, spüre die Symbolik dieses Moments. Das Zurückschneiden der Pflanze erinnert dich daran, dass auch du loslassen kannst, was dich zurückhält. Mit jedem Schnitt lässt du alte Muster und Blockaden los, die dir nicht mehr dienen. Dieses Zurückschneiden öffnet Raum für neues Wachstum und Gesundheit ... für die Pflanze genauso wie für dich.

Genauso wie du dieses Samenkorn zu einer Pflanze herangezogen hast, bist du auch in der Lage, dein eigenes Wachstum zu fördern. Du kannst alles loslassen, was dich vielleicht bisher zurückgehalten hat, mit dem Nägelkauen für immer aufzuhören. Das Bild dieser wachsenden Pflanze ist eine kraftvolle Metapher für dein eigenes Wachstum. Es zeigt dir, dass du, genauso wie dieses Samenkorn, alles in dir hast, um zu wachsen, zu heilen und stärker zu werden. Deine Fingernägel sind wie diese Pflanze. Sie brauchen nur die richtige Pflege und Aufmerksamkeit, um sich zu regenerieren und gesund zu wachsen. Genauso wie das Samenkorn, das in fruchtbarer Erde keimt, können auch deine Nägel wachsen und stärker werden, wenn du ihnen die richtige Pflege und Fürsorge gibst.

Nimm nun einige tiefe Atemzüge und erlaube dir, die Bilder des Wachstums und der Heilung auf deine Fingernägel zu übertragen. Mit jedem Atemzug verankert sie dein Unterbewusstsein noch tiefer und festigt es. Du bist jetzt bereit, deine Nägel gesund und stark werden zu lassen.

Wenn du alles gesehen hast, was für heute wichtig ist, kehre wieder ins Hier und Jetzt zurück. Nimm dazu ein paar tiefe Atemzüge und werde wacher. Bewege deine Hände und Finger, strecke und recke dich und öffne langsam deine Augen.

Reflektiere:

- Wie hast du das Wachsen des Samenkorns erlebt? Welche Gefühle und Gedanken sind dabei aufgetaucht?

- Welche Bedeutung siehst du darin, eine Pflanze mit Geduld und Fürsorge großzuziehen? Was kannst du daraus für dein eigenes Wachstum lernen?

- Wie kannst du die Fürsorge, die du der Pflanze gegeben hast, auf das Wachstum deiner Fingernägel übertragen?

- Welche Gefühle hat der Wachstumsprozess in dir ausgelöst?

Dein Weg zu gesunden Fingernägeln

Herzlichen Glückwunsch, du hast das Buch erfolgreich durchgearbeitet, um das Nägelkauen dauerhaft hinter dir zu lassen. Jetzt ist der Moment gekommen, deine Reise zu reflektieren, deine Erfolge zu feiern und den nächsten Schritt zu machen.

Was du bis hierher gelernt hast

Nimm dir einen Moment Zeit, um die Fortschritte zu betrachten, die du in den vergangenen Wochen gemacht hast. Vielleicht spürst du bereits, dass dein Verlangen, an den Nägeln zu kauen, nachgelassen hat oder du in stressigen Situationen ruhiger geworden bist. Diese positiven Veränderungen sind das Ergebnis deines Engagements.

Reflektiere:

- Wie hat sich dein Drang, an den Nägeln zu kauen, in den vergangenen Wochen verändert? Gab es bestimmte Situationen, in denen du besonders stolz auf dich warst?

- Wie haben sich deine Fingernägel verändert? Sind sie gesünder und stärker geworden?

- Was hat dir am besten geholfen, das Nägelkauen zu reduzieren oder ganz mit dem Nägelkauen aufzuhören, insbesondere in stressigen Momenten?

- Gab es bestimmte Auslöser, die du früher nicht erkannt hast, aber jetzt besser verstehst und erfolgreich vermeiden konntest?

- Welche Techniken oder Übungen aus dem Buch haben dir am meisten dabei geholfen, das Nägelkauen zu überwinden? Welche möchtest du weiterhin regelmäßig anwenden?

- In welchen Situationen merkst du jetzt, dass du nicht mehr zum Nägelkauen neigst, auch wenn der Stress hoch ist?

- Welche konkreten Schritte möchtest du in den kommenden Wochen unternehmen, um deine Erfolge weiter zu festigen?

Nutze diese Fragen regelmäßig, um deine Fortschritte zu dokumentieren und weiterhin motiviert zu bleiben. Notiere deine Antworten in einem Tagebuch oder auf einem Zettel, um deine Entwicklung festzuhalten. Diese Übung hilft dir, deinen Weg bewusst zu verfolgen und kleine Erfolge zu feiern.

Abschließende Motivation – Der Weg geht weiter

Du hast viel erreicht, und das ist erst der Anfang. Indem du das Nägelkauen überwindest, stärkst du nicht nur deine körperliche Gesundheit, sondern auch dein Selbstbewusstsein und erweiterst auch deine beruflichen und persönlichen Möglichkeiten. Du hast die Werkzeuge, um auch zukünftige Herausforderungen zu meistern, und du weißt jetzt, dass du die Kontrolle über dein Verhalten und deine Gedanken hast.

Denke daran: Veränderung braucht Zeit, aber jeder kleine Schritt zählt. Bleibe geduldig und vertraue darauf, dass du auf dem richtigen Weg bist. Jeder Tag bietet dir die Chance, weiter an dir zu arbeiten und deine Ziele zu erreichen.

Reflektiere:

- Was motiviert dich, auf deinem Weg weiterzugehen?

- Welche langfristigen Ziele hast du und wie möchtest du sie erreichen?

- Wie wirst du dich daran erinnern, deine neuen Gewohnheiten auch in Zukunft zu pflegen?

Überlege dir, ob es etwas gibt, was du als Nächstes in deinem Leben verändern möchtest. Möchtest du noch eine weitere Gewohnheit loswerden oder eine neue Fähigkeit entwickeln? Erkenne und würdige deine bisherigen Fortschritte und belohne dich für deine Anstrengungen. Du kannst stolz auf das sein, was du schon bis hierher erreicht hast. Und auch, wenn du schon viel erreicht hast, können immer wieder Fragen oder kleinere Unsicherheiten auftauchen. Genau deshalb habe ich die häufigsten Fragen gesammelt, um dir schnelle und einfache Antworten zu bieten.

Häufige Fragen und Hindernisse

In diesem Abschnitt findest du Antworten auf die häufigsten Fragen meiner Klienten und Leser. Sie sollen Unsicherheiten schnell klären, damit du Lösungen für eventuelle Schwierigkeiten findest.

Was mache ich, wenn ich während der Hypnose nicht tief genug in Trance komme?

Es ist vollkommen normal, dass sich nicht jede Hypnose gleich tief anfühlt. Setze dich nicht unter Druck. Jede Hypnose – unabhängig von der Tiefe – kann positive Veränderungen bewirken. Achte darauf, eine ruhige Umgebung zu schaffen, in der du dich wohlfühlst. Wenn du das Gefühl hast, nicht tief genug in Trance zu kommen, kannst du dir Zeit nehmen, um dich besser auf den Prozess einzustimmen. Atemübungen können Körper und Geist besser auf die Hypnose vorbereiten. Schaffe dir außerdem eine Umgebung, in der du dich absolut wohl und sicher fühlst, um die besten Voraussetzungen für eine tiefere Trance zu schaffen. Aber sei dir bewusst: Auch eine leichtere Trance kann effektive und nachhaltige Veränderungen bewirken!

Was ist, wenn ich während der Hypnose keine klaren Bilder sehe?

Einige Menschen haben eine stärkere auditive oder kinästhetische Wahrnehmung und sehen weniger klare Bilder. Manche von ihnen sehen eher Farben oder Formen. Das ist vollkommen in Ordnung. Konzentriere dich auf das, was du wahrnimmst, wie Gefühle, Geräusche oder Körperempfindungen, die während der Hypnose auftreten. Diese sind genauso wirkungsvoll wie visuelle Bilder und tragen ebenso zur Veränderung bei.

Es ist schwierig für mich, regelmäßig Zeit für die Hypnose zu finden. Was kann ich tun?

Vielen Klienten geht es ähnlich. Versuche, die Hypnose mit einem festen Termin in deinem Tagesablauf zu verbinden. Auch kurze Hypnosen von 5 bis 10 Minuten können effektiv sein, wenn du sie regelmäßig durchführst. Nutze Übergänge im Alltag, wie vor dem Einschlafen oder direkt nach dem Aufwachen, um eine Hypnose durchzuführen und dich mit deinem Ziel zu verbinden.

Ich habe gerade mit dem Buch angefangen, merke aber noch keinen Fortschritt. Ist das normal?

Veränderungen durch Hypnose sind häufig subtil und erfolgen schrittweise. Es ist nicht ungewöhnlich, dass es eine gewisse Zeit benötigt, bevor du deutliche Fortschritte erkennst und sie auch bei deinen Fingernägeln sichtbar werden. Vertraue dem Prozess und bleibe geduldig. Notiere kleine Verbesserungen und auch Erfolge, damit du Fortschritte erkennst und dich motivieren kannst, weiterzumachen.

Was mache ich bei negativen Gefühlen während oder nach der Hypnose?

Es ist ganz normal, während der Hypnose auf negative Gefühle zu stoßen. Diese Gefühle sind oft ein Zeichen dafür, dass dein Unterbewusstsein an etwas arbeitet, das lange im Verborgenen lag. Sie kommen auf, weil sie gehört und verarbeitet werden wollen. Anstatt die Gefühle zu verdrängen, ist es hilfreich, sie zuzulassen und sie wertfrei zu beobachten. Nimm dir Zeit, tief ein- und auszuatmen, und erlaube diesen Gefühlen, da zu sein, ohne sie zu bewerten. Stell dir vor, dass du diese Emotionen aus der Perspektive eines stillen Beobachters wahrnimmst. Manchmal können negative Gefühle wichtige Informationen darüber liefern, welche inneren Themen noch aufgelöst werden müssen. Wenn die negativen Gefühle während oder nach der Hypnose anhalten, kann es sinnvoll sein, diese mit einem Therapeuten zu besprechen. Ein Hypnosetherapeut kann dir helfen, die tieferen Ursachen dieser Gefühle zu verstehen und gezielt mit ihnen zu arbeiten. Erinnere dich daran: Negative Gefühle sind oft ein notwendiger Teil des Prozesses, um langfristige Veränderungen zu bewirken.

Kann ich auch eine Weile pausieren, wenn ich keine Lust habe?

Ja, du kannst pausieren, wenn du eine Auszeit brauchst oder der Moment nicht der richtige für eine Hypnose ist. Gelegentliche Pausen sind völlig in Ordnung. Wichtig ist es, nach einer Pause wieder zu deiner Routine zurückzufinden, da Veränderung Zeit braucht. Es ist normal, Phasen zu haben, in denen die Motivation nachlässt. Gönn dir diese Pausen ohne schlechtes Gewissen, aber erinnere dich auch daran, dass die regelmäßige Anwendung der Hypnose wichtig für einen langfristigen Erfolg ist. Setze dir lieber kleine und realistische Ziele, um die Hypnose wieder leichter in deinen Alltag zu integrieren, als ganz mit Hypnose aufzuhören.

Was passiert, wenn ich während der Hypnose einschlafe?

Wenn du während der Hypnose einschläfst, wird dein Unterbewusstsein trotzdem weiterhin arbeiten. Überlege, ob es sinnvoll sein könnte, die Hypnose zu einer Tageszeit durchzuführen, in der du dich weniger müde fühlst und ausgeruhter bist. Solltest du regelmäßig einschlafen, nutze eine aufrechte Sitzposition, die dich wachhält.

Kann ich eine Hypnose auch unterwegs durchführen?

Ich empfehle dir, dich zunächst in einer ruhigen und ungestörten Umgebung mit Hypnose vertraut zu machen. Vielen Menschen fällt es zu Hause leichter, sich auf die Hypnose zu konzentrieren. Unterwegs kann es herausfordernder sein, die notwendige Entspannung und Konzentration zu erreichen. Wenn du jedoch bereits mit Hypnose geübt bist, kannst du Hypnose jederzeit in deinem Alltag nutzen, beispielsweise in Pausen, während des Wartens, im Zug oder Flugzeug.

Was kann ich tun, wenn die Hypnose scheinbar keine Wirkung zeigt?

Wenn du das Gefühl hast, dass die Hypnose keine Wirkung zeigt, solltest du zunächst überprüfen, wie regelmäßig du sie durchführst und ob du dir genug Zeit nimmst, die Veränderungen in deinem Alltag wahrzunehmen. Hypnose wirkt oft auf subtile Weise, und die Fortschritte sind nicht immer sofort sichtbar. Kleine Erfolge, wie weniger Stress oder ein leichter Rückgang des Drangs, an den Nägeln zu kauen, können Anzeichen für den beginnenden Fortschritt sein. Es kann auch helfen, die Reflexionsfragen aus dem Buch intensiver zu nutzen, um mögliche innere Blockaden besser zu verstehen. Falls du das Gefühl hast, dass du keine weiteren Fortschritte machst und sich nichts verändert, könnte ein Termin bei einem Hypnosetherapeuten sinnvoll sein. Ein Therapeut kann dir helfen, unbewusste Hindernisse aufzudecken und gezielt aufzulösen, sodass du auf deinem Weg weiter vorankommst.

Wie kann ich die Hypnose noch wirksamer machen?

Achte darauf, Hypnose regelmäßig durchzuführen. Nutze deinen Anker, wie einen bestimmten Duft oder eine beruhigende Melodie, um dich schneller in Trance zu versetzen. Wiederhole Hypnose zu festen Zeiten und schaffe Routine und Vertrautheit. Notiere deine Fortschritte und belohne dich regelmäßig für kleine und große Erfolge.

Falls du bemerkst, dass du alleine nicht die gewünschten Fortschritte erzielst, könnte es hilfreich sein, professionelle Unterstützung in Anspruch zu nehmen. Ein erfahrener Hypnosetherapeut kann dir den Einstieg in die Hypnose erleichtern. Von da an fällt es manchen Menschen dann leichter, alleine weiterzumachen.

Schlusswort

Du bist bereits auf deinem Weg zu gesunden und gepflegten Fingernägeln und hast dafür alles, was du brauchst, um nachhaltig erfolgreich zu sein. Du hast es in der Hand!

Es ist nicht einfach, Gewohnheiten zu verändern, vor allem, wenn sie so lange Teil eines Lebens waren. Doch mit jedem Kapitel, das du gelesen hast, hast du gezeigt, wie groß deine Motivation ist und dass es möglich ist, sich zu verändern. Ich möchte dir daher auch meinen tiefen Dank aussprechen, dass du dich auf diese Reise eingelassen hast, dich selbst besser kennenzulernen und zu wachsen. Es erfordert Mut, sich den eigenen Herausforderungen zu stellen, und Entschlossenheit, sich auf die Veränderung einzulassen. Du hast diese Eigenschaften genutzt – und darauf kannst du stolz sein.

Doch der wahre Erfolg liegt nicht nur darin, das Nägelkauen zu überwinden, sondern darin, das gewonnene Bewusstsein und die innere Stärke auch in anderen Lebensbereichen zu nutzen. Veränderung beginnt oft mit einer einzigen bewussten Entscheidung – und du hast sie getroffen. Vielleicht hast du während dieser Reise bemerkt, dass es nicht nur um deine Fingernägel ging, sondern um viel mehr: um dein Wohlbefinden, um den Umgang mit Stress und Emotionen, um Achtsamkeit und Selbstfürsorge.

Lass all das, was du hier gelernt hast, ein fester Bestandteil deines Alltags werden. Erinnere dich immer wieder daran, wie weit du gekommen bist, und feiere deine Fortschritte, auch die kleinen. Falls du einmal auf eine Herausforderung stößt oder merkst, dass alte Muster wieder auftauchen, dann sei nachsichtig mit dir. Du weißt jetzt, dass du wichtige Werkzeuge kennst, um mit jeder Situation umgehen zu können. Die vielen unterschiedlichen Hypnosen und die Übungen in diesem Buch stehen dir weiterhin zur Verfügung, wann immer du sie brauchst.

Vielleicht möchtest du deine Erfahrungen auch mit anderen teilen. Erzähle deinen Freunden oder deiner Familie, wie du es geschafft hast, eine hartnäckige Gewohnheit hinter dir zu lassen. Du kannst damit nicht nur dich stärken, sondern auch anderen Menschen Mut machen, ihre eigenen Herausforderungen anzugehen.

Das Buch mag an dieser Stelle enden, aber dein persönlicher Weg geht weiter. Nutze deine Erkenntnisse und setze alles, was du gelernt hast, ein, um dein Leben so zu gestalten, wie du es dir wünschst. Du hast bewiesen, dass Veränderung möglich ist – jetzt kannst du alles schaffen!

Ich wünsche dir von Herzen weiterhin viel Erfolg, Freude und innere Stärke auf deinem Weg,

ISABELLA BUSCHINGER
Berlin, Dezember 2024

Literaturverzeichnis

Alman, B. M. & Lambrou, P. T. (2006). Selbsthypnose. Ein Handbuch zur Selbsttherapie. Carl-Auer, Heidelberg.

Erickson, M. H., Rossi, E. L. (2015). Hypnotherapie. Aufbau – Beispiele – Forschungen. Klett-Cotta, Stuttgart.

Kossak, H.-C. (2013). Hypnose. Lehrbuch für Psychotherapeuten und Ärzte. Mit Online-Materialien. 5., vollständig überarbeitete Auflage. Beltz, Weinheim.

Olness, K. N. & Kohen, D. (1996). Hypnosis and Hypnotherapy with Children. Guilford, New York.

Revenstorf, D. & Peter, B. (Hrsg.) (2015). Hypnose in Psychotherapie, Psychosomatik und Medizin: Manual für die Praxis. Springer, Berlin.

Schütz, G. (2016). Mit Leichtigkeit zur Selbsthypnose. Junfermann, Paderborn.

Schmid, G. B. (2011). Optimale Atmung für die Entspannung: Die 4- bis 6-Atemtechnik. Schweizerische Zeitschrift für Ganzheitsmedizin, 23(2), 84–86.

Deutsche Gesellschaft für Hypnose und Hypnotherapie e.V. (2022). Wirksamkeit, Sicherheit und Anwendungsmöglichkeiten medizinischer Hypnose. Deutsches Ärzteblatt, S. 1456. Verfügbar unter: https://www.aerzteblatt.de/archiv/177656/Wirksamkeit-Sicherheit-und-Anwendungsmoeglichkeiten-medizinischer-Hypnose?utm_source=chatgpt.com [Zugriff am 03.02.2025].

Zur Person

Isabella Buschinger, M. A., wurde 1982 in Pforzheim geboren, ist studierte Sozialwissenschaftlerin, Heilpraktikerin für Psychotherapie und eine erfahrene Hypnosetherapeutin. Nach ihrem Studium zog sie 2005 mit ihrem Mann in ihre Wahlheimat Berlin, wo sie seit über zehn Jahren ihre eigene Hypnospraxis leitet. Sie ist Mutter zweier Töchter – darunter ein geliebtes Sternenkind. Diese persönliche Erfahrung hat sie als Mensch tief geprägt und ihr eine besondere Sensibilität für die Herausforderungen und emotionalen Tiefen ihrer Klienten gegeben. In ihrer hypnotherapeutischen Arbeit kombiniert sie eine Vielzahl von Methoden, darunter NLP, Neurofeedback und lösungsorientierte Kurzzeittherapie. Mit mehr als tausend Klienten in ihrer Praxis und zahlreichen Teilnehmern in Seminaren hat sie sich zur Aufgabe gemacht, Menschen zu helfen, alte Muster zu durchbrechen, Ängste zu überwinden und ihr volles Potenzial zu entfalten. Mit ihrem Wissen und ihrer Erfahrung möchte Isabella zeigen, dass Veränderung möglich ist und jeder sein Leben positiv verändern kann.

Weiterführende Unterstützung

Gemeinsam zu schönen Fingernägeln

Du musst deinen Weg zu gesunden und gepflegten Nägeln nicht alleine gehen. Falls du dir weitere Unterstützung wünschst, stehe ich dir mit meiner langjährigen Erfahrung als Hypnosetherapeutin gerne zur Seite. Ob in meiner Praxis in Berlin oder online – gemeinsam können wir gezielt auf deine individuellen Herausforderungen eingehen und sie bewältigen. Lass uns gemeinsam daran arbeiten, die emotionalen Ursachen des Nägelkauens zu lösen und nachhaltige Veränderungen zu erreichen.

In einer 1:1-Sitzung unterstütze ich dich dabei:

- Emotionale Auslöser zu erkennen und aufzulösen, die das Nägelkauen fördern.

- Dein Selbstbewusstsein zu stärken, um neue, positive Verhaltensmuster zu etablieren.

- Alte Gewohnheiten bewusst zu verändern, sodass sie dich nicht länger blockieren.

- Ein liebevolles und achtsames Verhältnis zu entwickeln, das dir innere Ruhe und Gelassenheit schenkt.

Wann ist eine 1:1-Sitzung sinnvoll?

Wenn dir das Buch zwar hilft, aber du immer wieder merkst, dass du die schwer tust und den Gedanken hast, dass etwas Tieferes dahinter steckt, kann eine persönliche Begleitung sinnvoll sein.

Ob online oder vor Ort – ich schaffe einen sicheren und vertrauensvollen Raum, in dem du dich verstanden und unterstützt fühlst. Möchtest du den nächsten Schritt gehen?

Du musst diesen Weg nicht alleine gehen.
Ich bin für dich da.

↑ JETZT QR-CODE SCANNEN ↑

Scanne einfach den QR-Code oder besuche:
www.hypnose-in-berlin.de

Bleib verbunden:

www.hypnose-in-berlin.de/newsletter

Bücher für dein Wohlbefinden

Hier findest du eine Übersicht meiner weiteren Veröffentlichungen rund um Hypnose, das Nervensystem und deine persönliche Entwicklung.

Selbsthypnose bei Stress, Unruhe & Angst

Das Fundament für deine innere Arbeit. Dieses umfassende Praxisbuch ist wie ein Selbsterfahrungskurs. Lerne die Sprache deines Unterbewusstseins gestalte jeden Lebensbereich von innen heraus neu.

Nervensystem Regulation

Fühlst du dich innerlich getrieben, obwohl im Außen alles ruhig scheint? Wenn positives Denken und Entspannung nicht reichen, zeigt dir dieses Buch einen Weg. Lerne, dein Nervensystem nachhaltig zu regulieren.

Perfekt Unperfekt

Für alle, die sich zu viele Gedanken machen ist dieses Buch ein Ausstieg aus dem „Ich muss funktionieren"-Modus. Lege Perfektionismus ab und spüre, dass du gut genug bist – genau so, wie du bist. Ein liebevoller Wegweiser zu echter Selbstakzeptanz.

Emotionales Essen

Ist es wirklich Hunger oder fütterst du ein Gefühl? Befreie dich von Heißhungerattacken und dem Kampf mit dem Essen. Mit Hypnosetechniken findest du zurück zu einem intuitiven Körpergefühl und lernst, deine emotionalen Bedürfnisse wirklich zu stillen.

Schluss mit Nägelkauen

Kennst du das Gefühl, deine Hände oft vor anderen verstecken zu wollen? Dieses Buch geht an die unbewusste Wurzel des Nägelkauens. Mit gezielten Hypnosen durchbrichst du das alte Muster, sodass du schon bald stolz auf deine schönen Nägel blicken kannst.

Trauerbuch: Wo du auch bist, unsere Liebe begleitet dich

Ein stiller Begleiter, wenn Worte fehlen. Dieses Buch schenkt Trost und Halt mit poetischen Texten in Zeiten des Verlusts. Für alle, die trauern und nach einem Weg suchen, die Liebe im Herzen zu bewahren, während sie langsam zurück ins Leben finden.

· · · *Weitere Titel in Vorbereitung* · · ·

Bleibe gespannt auf neue Impulse
für dein Wohlbefinden

↑ JETZT QR-CODE SCANNEN ↑

Zum Autorenprofil auf Amazon:
https://tinyurl.com/bdeu6n2w

Deine Meinung zählt

Vielen Dank, dass du mein Buch gewählt hast! Aus vielen möglichen Büchern hast du dich für dieses entschieden, und dafür danke ich dir von Herzen. Bevor du gehst: Könntest du eine Bewertung hinterlassen?

Scanne einfach den QR-Code oder besuche:
https://tinyurl.com/yvfks57x

Deine Rezension hilft anderen Menschen und kann zeigen, dass es möglich ist, Nägelkauen zu überwinden. Und ganz gleich, ob du schon große Fortschritte gemacht hast oder noch am Anfang stehst – deine ehrliche Meinung ist wertvoll und kann anderen Betroffenen Mut machen.

Ich danke dir herzlich für deine Unterstützung!

★ Bewertung auf Amazon →

www.ingramcontent.com/pod-product-compliance
Lightning Source LLC
Chambersburg PA
CBHW051257250726
48656CB00004B/1347